# LA COMUNIÓN CON DIOS.
## COMPLILACIÓN DE LIBROS

Esta es una compilación de libros que te ayudarán a mejorar tu comunión con Dios. Amar a Dios implica un compromiso y éste conlleva una entrega profunda, por tanto, te invito a leerlos de manera que te ayude a vivir una experiencia maravillosa.

# La Comunión con Dios. Compilación de Libros.

Laura Josefina Salazar Tovar

Published by Laura Josefina Salazar Tovar, 2024.

LA COMUNIÓN CON DIOS. COMPILACIÓN DE LIBROS.

**First edition. February 29, 2024.**

Copyright © 2024 Laura Josefina Salazar Tovar.

ISBN: 979-8224284153

Written by Laura Josefina Salazar Tovar.

# Tabla de Contenido

Dedico esta obra a mis hijos con todo mi cariño y espero que puedan vivir una experiencia maravillosa en comunión con Dios.

# Libro 1

# LA ORACIÓN CONTEMPLATIVA Y SU RELACIÓN CON LA COMUNIÓN CON DIOS.

Santiago de Querétaro, Querétaro, México a 04 de Enero del 2021. 9:28 p.m.

Hoy he dictaminado a mi hija Laura Josefina Salazar Tovar que comience a escribir un Libro en el cual enseñe a orar como ella. Dejo sustento de que soy Dios y vivo en ella.

Jesús Misericordia Divina

# Prólogo

Las vicisitudes de mi vida me obligaron a vivir dificultades que me llevaron a refugiarme en Dios. Hoy hago saber que esta vida que tengo es plena. llena de alegría y una sumisión total a Dios.

Las almas que pecan gravemente se apartan de la gracia y al hacerlo no reconocen la voz de Dios. La oración es parte importante en la vida de las personas, sin embargo, es necesario que comprendan que una oración vacía no sirve. La contemplación es importante e imprescindible para hacerla. Cada vez que hago oración me uno a Dios y la hago vida. Hacer vida la oración es importantísimo para tener comunión con él. Si no hay oración y esta no va acompañada de contemplación la comunión con Dios se pierde. Hacerla vida es algo que enseñaré.

Tengo experiencia con este tipo de oración. Cuando oro me lleno del dolor de Dios y/o a la vez de su alegría. Vivir y hacer vida la oración es una gracia que conlleva entrega y docilidad. Amar es necesario para poder vivirla. Amen y no olviden que quien ama ha conocido a Dios. (1ª Juan 4:7-8).

Laura Josefina Salazar Tovar

# Oración y su fundamento.

La oración se basa en la comunión con Dios. Cada vez que se ora es reconocer que Dios vive y que cuando lo hacemos él escucha nuestra plegaria, y si es bien hecha nos entrega una respuesta a ella. Cada vez que se ora se debe saber que la meditación es importante, es saberse amado por Dios, así como es escuchado también.

La oración debe ser concisa y llena de una profunda interpretación. Es unir el alma a Dios y contemplar su majestad. Al orar se debe realizar una oblación (ofrenda y sacrificio) y lograr que Dios oiga el anhelo de nuestro corazón.

Dios vive y está presente en cada alma fiel. El testimonio de ello es que nos ha dado a su Espíritu Santo que clama en lo profundo de nuestro corazón con gemidos inefables (Romanos 8:26). Cuando se ora se reflexiona de manera profunda y se hace vida la súplica que dirigimos a Dios. Amar a Dios implica un compromiso importante, es reflejar con tus actos que Dios vive y que ese amor que nos da es la prueba de que nos ama. Quien ama a Dios debe saber que Dios vive y da testimonio de ello a través de sus actos generosos.

Dios vive y esté presente en el Mundo. Cuando oras te unes a él y logras que esa comunión con él sea perfecta. No hay comunión con Dios si la oración es vacía. Para poder lograr una comunión perfecta se requiere de una entrega total. Déjate amar por él. Reconoce que su amor es grande y maravilloso y que este te ayuda a transformar tu vida.

Ora con constancia. Únete a él y ruega por todo el Mundo. No te olvides que el Mundo está necesitado de oración y si la haces bien lograrás que muchas almas se salven.

# Oración y Compromiso.

La sumisión es importante para poder lograr la comunión con Dios. Dios vive en cada alma que es fiel, sin embargo, deben saber que esa fidelidad debe ser demostrada. No hay alma que diga "yo soy de Dios" y viva apartada de la gracia. La gracia se consigue a base de hechos (Santiago 2:14).

Un amor se demuestra con constancia, dedicación y servilismo. Quien ama necesita demostrarlo a través de los gestos y las obras suyas. Hay almas que dicen que aman, sin embargo, el verdadero amor proviene de Dios. La perfección del amor solo se alcanza unida a Dios.

Dios vive y para honrarlo necesitamos demostrar el amor que sentimos por él. El compromiso con Dios debe ser unirnos a él logrando una comunión perpetua a través de la Oración. Quien ora y se une a él puede lograr que sea bendecido el Mundo.

Dios vive y al vivir en cada uno de nosotros nos permite sentir su presencia de muchas formas: a unos con paz y regocijo y a otras les da carismas. Los carismas son regalos que da el Espíritu Santo por la lealtad de sus hijos. Extenderme en este tema no es mi propósito, sin embargo, quiero decir que no hay Oración buena si no permites que el Espíritu Santo te guíe (Romanos 8:26). Esto se debe a que el amor que hay en él te permite reflejarlo en cada súplica que haces de tal modo que al orar tu espíritu se une al espíritu de Dios para clamar de mejor manera y conforme a la voluntad de Dios.

El amor de Dios está presente en cada alma, pero se manifiesta si tu aprendes a reflejar ese amor con tus obras de caridad. La caridad es importante para dar testimonio de él.

# Obras de caridad.

Una obra de Caridad debe ser reconocida por la bondad de Dios, sin embargo, para lograrla se necesita una unión con Dios de amor, esto es que el amor se refleja en cada obra que hacemos. La unión con Dios debilita al demonio porque Dios vive, esto quiere decir que solo por la bondad de Dios se manifiesta su amor en cada obra y se da sustento de que ese amor proviene de él. Dios ama y ofrece su amor de diversas maneras, una de ellas proviene de le entrega que le hacemos.

Por medio de él se percibe su presencia y se da testimonio de él. La Caridad no sirve si no va acompañada del amor de él. Hay almas que dicen honrar el nombre de Dios, pero no dan mérito a sus obras porque las hacen solo para ser reconocidas. No, el amor no es así. El amor no se vanagloria de nada, se sostiene de la obra de Dios. Esto quiere decir que es el amor de él el que da esa bendición. No hay sensatez en las almas si no reconocen que para dar Caridad se necesita del amor de Dios porque ese amor solo se prodiga unidos a él. "Ámense unos a los otros" dice la palabra de Dios (Juan 15:12). Esto quiere decir que el amor de Dios se da sin pedir nada a cambio. Ese amor de él conlleva un compromiso explícito que es darlo en Caridad. La Caridad proviene de Dios. Si alguien ama a Dios lo refleja con hechos. En la Oración es así: se da porque se ama y por la unión con Dios. La Oración debe estar unida a nuestro Señor prodigando el amor que nos da al reflejarlo en nuestras súplicas.

Si amas debes saber que el Mundo te necesita, que sufre y requiere de nosotros para que las almas reconozcan el amor de Dios y cambien en todo. Un amor se prodiga solo por lealtad, esto quiere decir que el verdadero amor solo se refleja con hechos y dando sentido a las enseñanzas de Dios.

Dios vive y su corazón padece y sufre por la falta de fe de las almas, por el dolor que hay en cada alma y la miseria humana. Nadie puede tener una vida mejor si no se une a Dios y para que esto suceda debemos clamar a él y permitir que él obre en cada alma a través de nuestras súplicas. Dios vive y está presente en cada alma sumisa y fiel, sin embargo, la apostasía presente provoca que las almas se aparten de la gracia y por tal motivo pequen gravemente.

Estamos llamados a unirnos a Dios y participar con él el anhelo de su corazón, que es que las almas se salven. Amar a Dios conlleva un sacrificio constante, es una oblación constante. Cada alma que se sacrifica da sustento de que Dios murió por nosotros por amor, sacrificándose para que llegara la salvación a nosotros. Este misterio solo se conoce por pocas almas. Nosotros podemos salvar almas si nos unimos a él por medio del Corazón Inmaculado de su dulce y santísima Madre. Esto es así: Dios vino al Mundo y se hizo hombre para reconciliarnos con su Padre a causa del pecado grave que provocó la desobediencia de Eva provocada por Satanás (Génesis 3:1-24). Cuando vino Jesús al Mundo lo hizo por amor para que las almas se reconciliaran con su Padre (Romanos 5:10-11). Sin embargo, este sacrificio dio vida a los hijos de Dios (Efesios 2:4-5). Para unirse a él basta que tú ofrezcas tu dolor y sufrimiento unido a tus obras y vida por la salvación de las almas. Cuando lo haces así Dios te da la paz que necesitas y sana tu corazón y tu vida, y por tanto ya no sufres. Este misterio que da vida se debe prodigar a través de la oración sublime que aprendí de Jesús y que es así:

"Dulce Jesús en este momento tomo tu dolor y sufrimiento, el de mi Madre amorosa, así como el de mi Padre amado y lo uno al mío. Te lo ofrezco junto con las instigas del enemigo, sus argucias, sus mentiras, así como mis enfermedades, penas y alegrías, angustias y preocupaciones, trabajos y esfuerzos diarios, mi vida entera junto con mis misas y oraciones como una oblación para ti por medio del Corazón Inmaculado de tu dulce y Santa Madre en honor a tu pasión dolorosa y muerte de cruz por: por las almas que sufren y no te conocen, por las que sufren y han perdido la gracia, por las que han perdido la fe y la confianza en ti, por las almas que te han abandonado y apostatan, por las almas consagradas infieles, por las almas sacerdotales y religiosas en grave peligro de perderte y mi familia para que reciban luz abundante, se arrepientan de lo que te han ofendido, te pidan perdón y se conviertan".

Cuando tú haces esa oración así haces que Dios provea a esas almas lo que necesitan. Orar así te ayuda a perfeccionar tu fe, así como a santificarte. Has obras de Caridad al orar y no te olvides que Dios escucha tus súplicas si lo haces de esta manera.

# La omisión a la oración.

Cuando un corazón bueno se une a Dios en una sola súplica participa el amor de él a todos aquellos por quien pide, sin embargo, hay almas que no oran y eso provoca que la luz que hay en cada alma se debilite y apague la llama del amor de Dios. Cuando esto sucede el alma apartada de la gracia de Dios perece. Esto es así:

Dios vino al Mundo y al hacerse hombre trajo la luz consigo. Esa luz debe permanecer en cada alma, sin embargo, cuando un alma no se llena de la presencia de Dios la luz se apaga y al apagarse su vida se pierde. Hay que aclarar que para Dios lo importante es la comunión con él. Quien no participa de esa comunión pierde la vida pues no se alimenta de él.

Dios vino al Mundo a traer paz y a reconciliar a sus hijos. Cuando vino él trajo la Luz al Mundo y por él la vida llegó (Juan 1:4-5). Hoy la vida se pierde a causa de las argucias de Satanás (2Corintios 11:14). Satanás provoca en las almas la lejanía a Dios y eso hace que el alma de esa persona se obscurezca y al hacerlo la vida se pierde. Hoy en día Satanás trabaja arduamente para que las almas odien a Jesús y su Madre. Cuando la Madre de Dios venza al dragón rojo este será encarcelado eternamente para que ya no pueda dañar a las naciones (Apocalipsis 20:10).

Hoy existe un temor a Dios infundado: se basa en que Dios es injusto y al Mundo trae guerra, persecución, desastres y enfermedad. Eso no es cierto, Dios es justo y a sus hijos los defiende y procura el bien, solo que las almas han olvidado que quien trae todas esas malas cosas es Satanás. Satanás obra en cada alma sutilmente, muchas veces influenciando su pensar, así como su actuar. El monstruo es perverso y orilla a las almas a abandonar a Dios con sus argucias y provocando que idolatren y caigan en vicios e iniquidades.

Las almas que pecan gravemente acaban por perder la fe cuando no reconocen su pecado. Dios ve todo lo que haces y se da cuenta de cómo no te arrepientes de tus malas obras. Cuando esto sucede así viene Satanás, engañador, y te obliga a abandonar a Dios.

Dios provee a sus hijos de luz abundante. Esta luz abundante se participa a través de las buenas obras, así como de la buena oración. La oración sublime es aquella que se une a Dios en una sola súplica. Dios vive en cada alma y al hacerlo participa sus anhelos a sus hijos. Cuando reconoces la voz de Dios te llenas de alegría y haces de la vida de oración una plegaria universal. Las plegarias deben ir acompañadas de una fe desbordante que crea que todo lo que suplicas te es concedido.

Dios vive y si vive es porque da vida a sus hijos. La vida que da permanece en ti solo si te alimentas de él. Lo lamentable es que hay almas que no oran ni le prestan importancia a hacerlo y eso provoca que pierdan la vida pues se obscurece su alma al no recibir la luz de Cristo.

Dios vive y está presente en cada alma fiel. Vivir unido a él es fácil si oras y logras una comunión perfecta. No peques. Olvida el dolor de tu corazón. No reniegues de Dios, él es bueno y a sus hijos los ama y prodiga una bendición constante. Déjate amar por él y alimenta tu corazón de su palabra. Has vida sus enseñanzas y aprende a orar profundamente.

# Comunión con Dios.

La comunión con Dios se debe obtener por la gracia de Dios. Quien tiene gracia puede orar y unirse a él. Para que esto suceda se debe realizar una súplica. Esta súplica debe contener lo siguiente. Intención, diálogo, anhelos míos y de Dios, propósito y agradecimiento.

Cuando un alma se une a Dios y dialoga con él debe saber que es necesario reconocer la intención de esa súplica y el anhelo de Dios.

Dios vive y se manifiesta en cada alma de diversas maneras. Cuando un alma se une a Dios es porque comprende que para orar es necesario reconocer de manera profunda la circunstancia por la que se ora. La Oración es la comunión con Dios. Quien se reviste de esa comunión sabe bien que para lograrla se debe obtener la voluntad de mantenerse atento en todo momento a esa súplica. Esto quiere decir que para orar debes razonar cada intención y hacerla vida. Si pides por ejemplo por tus hijos debes reflexionar cada anhelo de tu corazón hacia ellos y comenzar pidiendo por lo que más importa, amén de expresar todo aquello que conviene a ellos.

Dios es bueno y cuando clamas a él te escucha y te responde. Solo que para que tú puedas obtener lo que pides debes saber que la súplica debe ser profunda y reflexionando todo lo que se pide. Una oración vacía no sirve.

Dios habla a cada alma en diversas circunstancias, así como de diferentes maneras. A algunos les habla por medio de alguien y a otros les da pruebas por medio de la infusión paráclita, esto quiere decir que existen muchos dones del Espíritu Santo (1 Corintios 12:4-11).

Amar a Dios implica un compromiso de vida que se reviste de su presencia. Sin Dios el alma sufre y pierde la vida. La comunión con Dios debe basarse en el amor. Una súplica debe ser acompañada del amor de él. ¿Cómo puedes amar a Dios sin olvidar que él te proporciona lo mejor? Yo te digo: Dios vive y se reviste de un maravilloso amor. Él lo comparte con aquellos que son fieles. La fidelidad es parte importante para reconocer ese amor de él. Quien es fiel recibe el privilegio de su amor. El amor no carece sino se engrandece. Esto quiere decir que el amor de Dios se manifiesta con fuerza en las almas. Amar es una virtud que no la tienen todas las almas, pues el verdadero amor proviene de Dios y se prodiga por la fidelidad de cada alma. Déjate amar que Dios quiere que lo hagas para demostrarte lo maravillosos que es ese amor. Si tú amas a Dios y ese amor lo compartes has comprendido su llamado. No te dejes guiar por falacias que te enseñan que puedes amar sin Dios. Nadie puede hacerlo pues el amor perfecto solo se encuentra en él.

Por tanto, la comunión es un diálogo con Dios que se llena de amor y prodiga una bendición muy grande para las almas. Pide así:

"Dulce Jesús, sufro por aquellas almas que no te conocen y se olvidan de ti. Quisiera que ellas reconozcan que tu amor es verdadero y no existe ninguno igual al tuyo. Quiero que las almas te amen como yo y también vean lo maravillosos que es sentirse amado por ti".

Una súplica así va acompañada del anhelo tuyo, así como el de Jesús. Si te unes a él así reconocerás la importancia de amar. Busca la comunión con Dios. No te olvides que ella es importante para vivir. Quien no ora pierde la vida porque la oración es el alimento que te da vida. No olvides que cada enseñanza te ayuda a mejorar la comunión con Dios.

# Reconocimiento de Dios.

A Dios hay que conocerlo bien y saber que él es bueno. Dios habita en cada alma sumisa y fiel. Cuando ama prodiga ese amor de una manera en que reconocemos en el instante su amor en nosotros. El amor de Dios es grande y bueno. Es un amor que no hay en ningún lado. Saberse amado por él es lo mejor que te puede pasar pues ese amor te llena de una alegría nueva y una paz insondable.

La felicidad se encuentra en él. Quien lo conoce sabe bien que ese amor que nos da es perfecto. Yo me siento tan amada por él que por él vivo. Yo conozco almas que no conocen el amor de Dios y no comprendo cómo es que no les interesa conocerlo. Amen a Dios pues ese amor que prodiga es lo más maravilloso que puede existir.

La lealtad se demuestra con buenas obras, pero para que estas sean buenas es necesario que vayan acompañadas del amor de Dios. Dios vive y su corazón es bueno. Quien lo conoce no se aparta de él. La ingratitud de tantas almas ha provocado que Dios sufra. Él ama a sus hijos e imperioso es que lo conozcan pues esta apostasía provoca que las almas pierdan la vida y se vayan al infierno. El infierno existe y en él se encuentran todos los que negaron a Dios.

Amar es lo mejor que puedes hacer. Porque el amor rompe el odio y la rivalidad entre las almas. Las guerras existen porque se olvidan de Dios. Los odios producen que las almas pierdan la vida. Es tiempo de perdonar y de reconocer que Dios nos ha llamado a amar por sobre todo y a todos.

# María y la Comunión con Dios.

Mi Madre me enseñó a orar. De ella aprendí que más vale rezar solo un Padrenuestro meditado que todo un Rosario sin meditar. Cuando oro con ella, ella me enseña que debo meditar cada misterio del Rosario, esto es que reflexiono esa parte de la vida de Jesús o de María y la hago vida reconociendo en el misterio alguna necesidad del Mundo que vaya acorde a lo que he meditado.

Unirme a Dios a través de la oración es lo que más me gusta porque siento como él, reconozco sus anhelos, sus angustias, su dolor y su alegría a la vez. Amen a Dios por sobre todo. No olviden que él es bueno y su corazón hermoso. El don de Dios es el amor. Amar como él sirve para prodigar ese amor a otras almas.

Sufro por quienes no reconocen a Dios y lo que he aprendido a través de María es a reconocer la voluntad de su hijo en cada alma. María viene a guiar mi vida y a reunirme con su Hijo amado. Amen a María pues es una Madre muy buena, tierna y dulce. Ella nos lleva de la mano a la presencia de su Hijo amado.

María es símbolo de pureza y quien se une a ella logra cambiar de vida siguiendo su ejemplo de vida. Cada virtud de ella se manifiesta en las almas fieles que la siguen. La perfección empieza por María. La cúspide se alcanza por la sumisión a ella.

Ella viene a traer al Mundo su amor maternal. Su intercesión ayuda a cada alma a mejorar de vida pues se une cada una de nuestras plegarias a su Hijo amado. Amen a Dios y no olviden que María es el puente para llegar a él de la manera más fácil.

La gracia de ella nos ayuda a tener una comunión muy buena con Dios, su amado Hijo. Yo quiero que comprendan que amar a María, la Madre de Dios, es lo mejor que podemos hacer pues sus súplicas constantes nos ayudan a conseguir los anhelos de nuestro corazón.

# Sumisión y fidelidad.

Las almas que conocen a Dios deben saber que para tener una profunda comunión espiritual es necesario ser sumisos y fieles. Hay almas que desconocen cómo serlo. Por eso yo te digo que meritorio es corresponder a ese amor que nos da Dios con nuestros gestos. Cuando un alma permanece inmóvil ante Dios y no da sustento de nada es porque no reconoce la voluntad de Dios. Hacer la voluntad de Dios es revestirse de él en una sumisión total. Para que esto suceda es necesario la obediencia. Quien no obedece no puede servir a Dios. Para hacerlo es indispensable orar mucho y ofrecer tu vida a su servicio. No es fácil hacerlo si te distraes con el Mundo. El Mundo no te proporciona nada bueno pues en él hay perdición constante. Quien quiere honrar el nombre de Dios debe saber que la renuncia es importante.

Las almas necesariamente tienen que comprender que la entrega a Dios conlleva un sacrificio importante. Honrar el nombre de Dios se consigue a base de mucho esfuerzo y dedicación. La fidelidad es demostrada por medio de obras. Si no hay obras entonces no hay una verdadera fidelidad. Cuando un alma vive de acuerdo a la voluntad de Dios es porque ha conocido su voz. Dios sustenta a sus hijos de diversas formas. Muchas de ellas son por medio de la manifestación paráclita, o sea por medio de su Espíritu Santo que viene a obrar en nosotros. Quien se dice fiel y no permite que el Espíritu Santo lo guíe es un alma apartada de la gracia. La sabiduría mundana provoca hoy en día que muchas almas no reconozcan la voz de Dios y lo nieguen con sus obras. Si quieres vivir de acuerdo a la voluntad de Dios debes saber que importante es que su Espíritu Santo te ilumine. Sin embargo, es preciso dar a conocer con mucho dolor que en estos tiempos existen muchas almas que se dicen fieles a Dios y no permiten la infusión de su Espíritu Santo. Quiero que conozcan que primordial es que primero antes que nada imprescindible es hacer la invocación al Espíritu Santo todos los días antes de comenzar el día para que él nos guíe a toda verdad. Si quieren vivir de acuerdo a la voluntad de Dios deben saber que primordial es dejarse guiar por él.

Una profunda comunión espiritual se consigue sumergiéndose profundamente en la presencia de Dios por medio de oraciones y súplicas. Es entregar el alma a Dios con oblaciones. Esto quiere decir que para honrar el nombre de Dios se necesita un abandono total y un ofrecimiento de vida constante. La fidelidad solo se consigue por sumisión. Quien no se sujeta a la voluntad divina no podrá alcanzar la madurez de su comunión espiritual.

# Obediencia y servilismo.

Para poder servir a Dios debes sujetarte a su voluntad. No es fácil hacerlo si no permites que él obre en ti. Yo te digo que si quieres servir es necesario que comprendas que la obediencia es importante. Hay almas que son llamadas a servir a Dios, pero lamentablemente no obedecen. Quien así lo hace no da honra a Dios sino a sí mismo. No, la vanagloria no sirve de nada si quieres seguir el camino de Dios.

Dios vive en cada alma sumisa y fiel, sin embargo, es preciso que comprendas que sujetarte a la voluntad divina no es fácil si no hay renuncia en ti. La renuncia que debes hacer es olvidarte de ti mismo y obrar con entrega y docilidad a las inspiraciones divinas. Dios vive en cada alma fiel que renuncia a todo por amor. Para que esto suceda debes saber que primero debes recordar que tú nada sin Dios eres. Cada obra que haces es para honrarlo. Por medio de obras das sustento de que vive, pero no puedes dar sustento falso, pues si así lo haces él te pedirá cuentas.

Para poder lograr esa obediencia debes saber que debes recurrir a la comunión de los Santos para que ellos te ayuden con tus flaquezas y debilidades. Si no lo haces te costará más trabajo lograrlo. La oración es muy importante pues Dios viene en tu ayuda. Cuando ores pide así:

"Yo convoco a todos los ángeles, a los arcángeles San Miguel, San Gabriel y San Rafael, a las benditas almas del purgatorio, a los apóstoles San Pedro, San Juan y San Pablo y los demás apóstoles y a todos los Santos para que me sellen y me protejan y se unan a mí para que me ayuden a vivir una plena comunión con Dios. Oren conmigo en todo momento y ayúdenme a obedecer a Dios en todas mis obras. Amén"

Comprendan que vivir en comunión con Dios es una bendición muy grande si nuestra entrega es dócil a él. Oren siempre y pidan que venga en ayuda de sus debilidades.

# Oración, comunión con Dios.

Es bien necesario comprender la importancia de la oración. Orar es hablar con Dios expresando gratitud, perdón, reconciliación y los anhelos de tu corazón. La importancia de la oración viene a retribuir un alimento para el alma. Alimentar el alma es importante para vivir, no solo de pan vive el hombre. Si tú no oras tu alma se obscurece, pierde la fe y se olvida de Dios. Nadie en el Mundo puede vivir lejos de Dios porque él es vida. La vida que nos da transforma todo lo que hay en nosotros y nos hace nuevas creaturas (2 Corintios 5:17). La omisión a la oración es muy grave pues aquellos que no oran viven en el Mundo alejados de la gracia y llenos de pecado.

La virtud de un alma fiel a Dios es ese compromiso intrínseco que viene a redituar una comunión profunda con él. Quien reconoce la importancia de orar debe saber que al alimentar tu alma de Dios te llenas de esa gracia que santifica y te hace percibir la grandeza de su amor. Amar a Dios no es fácil si tú no tienes comunión con él. Nadie que se jacte de ser fiel a Dios omite la oración pues quien así lo hace pierde la vida fácilmente.

Un día volverá nuestro Señor y nos pedirá cuentas de nuestros actos. Aquellos que lo abandonaron y olvidaron que sin él no hay vida se irán al infierno. El infierno sí existe. Basta leer la palabra de Dios (Mateo 25:31-46).

La oración profunda es aquella que se sumerge en la presencia de Dios reconociendo en cada palabra el anhelo de Dios por sus hijos, esto quiere decir que quien se sabe conocedor de su amor reconoce el dolor de Dios por sus hijos y ruega a él para que el Mundo cambie. Un alma que se sumerge profundamente en su presencia clama a él por todos los anhelos de su corazón suplicando para que se acabe el dolor en el Mundo, la ingratitud, la falta de paz y la perdición constante. Déjate amar por Dios. Cuando te sumerges en su presencia puedes percibir su grandeza. Ámalo porque el amor de él es maravilloso (Salmo 36:7) y nada comparable con el que hay en el Mundo.

Si tú ofreces tu dolor a él ayudarás a que se salven las almas. No te olvides del sacrificio que hizo Jesús por nosotros. Él a la vez nos amó tanto que dio su vida por nosotros para que fuéramos salvos (Juan 3:16-17). Amemos a Dios y no olvidemos que la recompensa es grande y esa es la salvación.

# Contemplación en la Oración.

Saber contemplar cada palabra que dirigimos a Dios es un don que pocas almas tenemos. Es unirse a Dios en una sola súplica en el silencio más profundo. Cuando un alma ora en silencio se une a Dios abandonándose a él. Quien ora así se aísla del Mundo exterior para unirse a Dios y lograr una comunión hermosa que alegra tu alma.

Quien ora así ha comprendido de manera profunda el anhelo de Dios. Dios quiere que sus hijos se unan a él y se arroben para que él pueda recompensarnos con sus pruebas de amor que son muchas y entre ellas percibir su presencia con paz y alegría. Habemos almas que como podemos escuchar su voz, recibimos visiones, profecía, ciencia, sabiduría... Son muchos los regalos que él nos da, lo importante es percibir su presencia mística con profundidad.

Cuando un alma ora debe comprender que la mejor oración es la contemplativa. Esta es aquella que medita cada palabra, oración y plegaria. Es unirse a Dios y alabarle a la vez con cada gesto nuestro. Es hacer vida cada palabra que dirigimos a él. Es compenetrarnos con él y hacernos uno mismo. El mismo Dios se une a nosotros y se anega en nuestro corazón. Al orar así vivimos la oración, esto quiere decir, por ejemplo, cuando rezamos el Rosario y meditamos los misterios nos sumergimos profundamente en ese pasaje de la Biblia que contemplamos y vivimos con él, o la Santísima Virgen ese momento. Cuando oramos ese misterio lo comparamos con la actualidad que vivimos y lo ofrecemos por eso para que Dios obre. Orar de manera contemplativa es unirse a Dios y sentir como él. Por ejemplo, al vivir su Pasión sentimos su dolor, su angustia y todo lo que pasó por nosotros y recordamos cómo en la actualidad hay almas que sufren algo parecido como injusticias, persecución, traición... y rogamos por ellas. Cuando oramos así nos sumergimos en la presencia de Dios haciendo vida cada palabra que pronunciamos. Las palabras huecas no sirven, debemos meditarlas.

El mismo Satanás odia este tipo de oración pues no logra distraernos con nada. Todas las almas que aprenden a orar así son almas privilegiadas, pues se unen a la divinidad y esto es una gracia muy grande. Oremos así siempre. Recordemos que Jesús ama mucho a quienes oramos así. Dios ama a sus hijos fieles a él y quien lo reconoce a través de sus obras es recompensado grandemente con bendiciones constantes. No olvidemos que Dios vive y está presente en cada alma fiel.

# Oración y sumisión a Dios.

Las almas necesitan reconocer que una vida de oración buena es aquella que se sujeta a la voluntad divina. Quien habla con Dios debe saber que en cada plegaria debe reconocer la voluntad de él. Dios vive y se manifiesta de muchas maneras, sin embargo, para servirlo debemos demostrar sumisión a él. Esto quiere decir que cada paso que damos en nuestra vida espiritual debe ir acompañado de la voluntad divina. ¿Y cómo sabemos que realmente honramos el nombre de Dios con nuestras acciones? Pues solo deduciendo si lo que hacemos agrada realmente a Dios.

Dios vive y es bueno. A cada uno nos conduce por un camino seguro. Ese camino nos lleva a permanecer sujetos a su voluntad. Dios vive y a cada uno de sus hijos los ayuda a mejorar esa vida espiritual siempre y cuando le demos la oportunidad de hacerlo. Ser sumisos implica un compromiso de obediencia. Las almas que no obedecen no pueden servir a Dios. Hay que reconocer que la sumisión en la oración es aquella que va acompañada de la voluntad divina. Debemos pensar en lo que agrada a Dios y lo que le gustaría a él que le pidiéramos. Él sufre como nosotros por cada hijo que se pierde y se aparta de la gracia, sufre por la pobreza, por la falta de paz en el Mundo, por las almas enfermas...en fin por muchas cosas. Nosotros debemos implorar por todo el Mundo recordando cómo quiere Dios que lo hagamos. Reconocer a Dios en cada obra es enaltecer su nombre. Debemos vivir de acuerdo a la voluntad divina y honrar el nombre de Dios con todo lo que hacemos. Hay almas que no reconocen la voluntad divina y esto produce que tengan una oración tibia y nada fervorosa. A Dios le gusta que nosotros nos unamos a él y roguemos por el Mundo como él lo hace a nuestro Padre. Todas las súplicas que dirigimos a él son llevadas a la presencia de Dios Padre. Implorar por el Mundo es necesario para que llegue la paz a todas las almas.

Debemos comenzar a orar siempre tan pronto como nos levantamos, así como también debemos orar durante el día. Podemos hacerlo a través de nuestras actividades diarias. Es posible adorar a Dios con nuestras obras, así como nuestras súplicas constantes a lo largo del día. Orar mucho ayuda a que nosotros podamos vivir un encuentro con Dios de una manera muy profunda. Las almas que no oran pierden la fe y al hacerlo pecan gravemente. La oración es la comunión con Dios y el alimento del alma. Adorar a Dios es fácil si nosotros reconocemos en cada obra que hacemos sus anhelos y lo que le gustaría de nosotros. Hay almas que a través de la oración purifican su alma y esto produce una cosecha de bienaventuranzas. Dejarse guiar por Dios es volcar nuestro corazón hacia él, es permitir que obre en nosotros y nos santifique, es perfeccionarnos en nuestra vida espiritual.

Dios vive y está presente en cada alma. Déjate guiar por él y sujétate a la voluntad divina.

# Amar a Dios por, sobre todo.

Para poder servir a Dios necesitamos amarlo porque si no lo hacemos no reconocemos su voluntad. Quien sirve a Dios debe saber que Dios es Omnipotente y como Dios él ama mucho. Si nos unimos a él es porque la entrega que le hacemos sirve para honrarlo con cada acción que hacemos, pero si no lo hacemos olvidamos lo primordial que es ser fieles a él.

Un alma justa es aquella que reconoce que nada somos sin Dios. Dios viene a nuestras vidas a transformarlo todo y a ayudarnos a tener una vida digna. Para que esto suceda es importante amarlo.

Él ama a sus hijos y les da lo mejor. Dios vive y está presente en cada alma fiel. Para que esto suceda es importante el amor que le prodigamos. Debemos comprender que Dios está por encima de todo y así debe ser nuestro amor hacia él. Es dignificar su nombre anteponiéndolo a todo. El primer mandamiento lo dice (Mateo 22:37). Necesitamos reconocer que sin Dios nada somos. El obstáculo de la vida espiritual es anteponernos a nosotros mismos. Dios no quiere que seamos así pues en verdad nada somos sin él. La reconciliación entre Dios y tú sucede cuando tú te sabes pequeño ante él. Él ama más a sus hijos que son pequeños pues no se vanaglorian de nada.

La fidelidad se demuestra a través de nuestros actos. Reconocer que Dios es bueno es algo que debemos reconocer siempre. Su amor es lo mejor que hay. Quien se sabe amado por él da testimonio de que su amor es inigualable y maravilloso. Honra el nombre de Dios y ámalo por sobre todo.

Cuando el amor de Dios crece en ti es fecundo, esto quiere decir que da bendición constante al Mundo.

# Dar testimonio de Dios.

Saber dar testimonio de Dios es imprescindible para tener una vida espiritual profunda. Debemos reconocer que cada acto que hacemos debe estar sujeto a la voluntad divina porque si nos es así no podemos dar testimonio. Un buen testimonio es aquel que refleja el amor de Dios. Dios vive y en cada acto debemos demostrarlo. Hay almas que aún creen que Dios ha muerto. Esto no es cierto, está vivo. Él dio la vida por nosotros, pero venció la muerte cuando resucitó (Lucas 24:46). Nosotros debemos dar sustento de que es así y eso se demuestra a través de nuestros actos generosos de amor.

Para que un alma produzca frutos en abundancia debe saber que es imperioso permitir que Dios obre en cada acto nuestro. Si es así las almas reconocerán que él es bueno y querrán seguirlo. No hay amor al prójimo si no viene de Dios. Dios existe y está presente en cada acto generoso que hacemos.

Una fe va acompañada de hechos (Santiago 2:14). Debemos demostrar que Dios vive y dar testimonio de él con nuestros actos. Para demostrarlo primero tenemos que comenzar por nosotros mismos. Nuestra fe se acrecienta con nuestra comunión con Dios y solo se manifiesta tangible si nuestros actos son puros y de acuerdo a la voluntad divina. Dios viene a resarcirnos de todas nuestras flaquezas con nuestra comunión con él. Él transforma todo lo que hay en nosotros y cuando lo hace es para que comprendamos que la vida nos depara una bendición grande si nos dejamos amar por él. Déjate amar por él y ámalo demostrando tu amor con obras.

# El Espíritu de Dios y la comunión con Dios.

Dios existe y es indivisible, sin embargo, su corazón late con fuerza por cada uno de sus hijos. El Espíritu de Dios es eso, el corazón de Dios. Cuando tú comprendes eso es porque tú corazón está unido a él y cuando se produce esta comunión es cuando de veras hay en ti esa unión con él. Si tú no estás unido al corazón de Dios jamás podrás conocerlo. Dios se conoce a través de la experiencia de su Espíritu Santo. La paradoja aquí es que las almas no conocen la importancia de unirse a él porque las Sagradas Escrituras, que son la Palabra de Dios, no se han sabido interpretar correctamente. ¿Cómo? Pues él les dijo ámense, yo me voy y regresaré y mientras esto sucede dejaré mi Espíritu Santo entre ustedes para que no estén solos. Me manifestaré entre ustedes y por medio de él hablaré a cada uno y lo guiaré. Yo no me he ido, dice Jesús por medio de su Espíritu Santo a la humanidad, aquí estoy amándote. Pero para que nosotros escuchemos la voz de Dios necesitamos abrirnos a él y pedirle a través de la oración que siempre permanezca su Espíritu Santo entre nosotros, guie nuestros pasos y nos muestre la verdad:

"Ven Espíritu Santo, despiértame, séllame, protégeme, anula todo propósito de Satanás, infunde en mí gracias santificantes, dame Sabiduría, Ciencia, Profecía, todos tus dones y carismas. Dame inteligencia y discernimiento para reconocer las obras del diablo y rechazarlas y con ellas mismas reconocer la Luz abundante que recibo y comprender las Sagradas Escrituras. Amén".

La verdad se manifiesta por medio del Espíritu de Dios, la mentira por medio del enemigo del hombre que es Satanás.

Dios habla a sus hijos a través de los dones manifiestos que da su Espíritu Santo y estos son: Lenguas, Profecía, Ciencia, Conocimiento, Visión, Sabiduría entre otros más. (1 Corintios 12). Dios viene a traer a sus hijos libertad, sin embargo, también viene a donar la voluntad de él y esto es porque si lo hacemos podemos lograr esta comunión con él y aprender de él a caminar mejor y ser mejores personas. Si te dejas guiar por Dios a través de su Espíritu Santo entonces podrás lograr la felicidad de tu vida que te retribuye alegría constante. Déjense amar por él y dejen que los abrace con su amor permitiendo que él se dirija a ustedes y se comunique con ustedes así.

# Las obras del demonio nos alejan de la comunión con Dios.

Las obras del demonio son muchas, entre ellas se encuentra la ingratitud del hombre que no quiso escuchar las palabras de Dios. Dios dijo el demonio existe y los sacerdotes lo negaron porque no quisieron dar sustento de ello. ¿Por qué el miedo? ¿No es acaso que Dios es más grande que el propio demonio? Pues sí, porque Dios lo creó. Hoy les digo que mi corazón sufre. No se dejen engañar por él. Quien se unge y pide al Espíritu Santo que lo guíe jamás podrá ser engañado por él. He descrito brevemente como trabaja Satanás. Hoy les digo que yo sufrí mucho porque no me supieron guiar los sacerdotes a quienes recurrí. ¿Todos son así? Por supuesto que no. Solo que desafortunadamente muchos han negado a Dios porque prefieren que la Sabiduría del hombre impere en ellos en vez de la Sabiduría de él. ¿Tienen la culpa? Quizás no porque el demonio nubló sus ojos y entenebreció su entendimiento desde el principio de la creación. Ahora es tiempo de un cambio y para que esto suceda deben tener valor y no temer nada. Temer al demonio ¿por qué? Nadie les puede quitar la comunión con Dios si ustedes no quieren. Porque Dios les dio un Espíritu con propio poder (2 Timoteo 1:7 Porque Dios no nos ha dado un espíritu de cobardía, sino de poder y dominio propio). Y cuando ustedes comprenden esto es porque reconocen que somos algo, porque Dios habita en los corazones humanos y nos ha dado inteligencia propia, así como el dominio también.

"Déjense guiar por Dios, no lo ofendan porque quien niega a Dios se hace enemigo de él"

# Libro 2

# SATANÁS, SUS MENTIRAS, SUS INSTIGAS Y SUS ARGUCIAS.

Hoy 24 de Enero del 2022, quiero dar sustento de que por voluntad de Dios Nuestro Señor Jesucristo escribí este Libro inspirada por el Espíritu Santo, que dará al mundo idea de cómo actúa Satanás en las almas para apartarlas de la gracia de Dios.

# Prefacio.

A lo largo de mi vida, en innumerables ocasiones, me he visto atacada por Satanás y asimismo he ido aprendiendo a discernir las obras del demonio. La tarea no fue fácil ya que Satanás se esconde como ángel de luz. El discernimiento es importante para lograr reconocerlo el cual no fue fácil tampoco. Quiero dejar este Legado para todas las almas que luchan contra él. Este tratado estará lleno de cosas desconocidas acerca de él y que es importantísimo que se den a conocer.

+++ Dominus es vivus

# Satanás y sus obras.

Las obras del demonio son muchas y con tristeza quiero manifestarles que desconocidas también. Yo he pasado mucho tiempo descubriendo sus obras debido a que me alimento de Dios y estoy en comunión con él siempre. Hubo momentos en mi vida en que busqué respuestas a sus obras y difícilmente pude encontrar quién me explicara sobre ellas. Indagué mucho y es por eso que me hice conocedora de sus mentiras. Hoy quiero manifestar que Satanás obra en silencio e imperceptiblemente. Discernir todas sus obras es difícil, pero sé que el conocimiento que tengo sobre él ayudará a muchas almas a despojarse de su opresión y su maldad.

Las obras del demonio son la causa de la perdición de las almas. Todas aquellas almas que pecan gravemente es porque Satanás influye en ellas. Cuando hay desórdenes en la vida, cuando las almas no reconocen la voz de Dios y cuando las almas lo niegan son instigadas por Satanás a hacer cosas indebidas que hacen que las almas pierdan la vida.

Dios vive y ama a sus hijos y le duele ver que se pierdan. ¡Si supieran cuánto dolor hay en el corazón de Jesús ustedes cambiarían de vida!

Satanás obra en las almas apartándolas de la gracia y haciendo que pierdan la vida. Para lograr que un alma no pierda la vida necesita reconocer a Dios y hacer vida su palabra. Vivir en gracia no es un suplicio, sino más bien una alegría muy grande, es por eso que yo te digo a ti que vivas en comunión con Dios demostrando con hechos su amor. El amor de Dios es maravilloso y quien vive unido a él es muy feliz.

Para poder romper con las obras del demonio es necesario arrepentirse de tus pecados y vivir unido a Dios. Ámenlo mucho porque él es muy bueno y nos llena de alegría.

En este tratado enumeraré la mayoría de las obras del demonio que hace que se pierdan las almas.

# Aversión a la oración.

La mayoría de las personas no oran, les cuesta trabajo hacerlo o lo olvidan. Pues quiero que sepas que en la mayoría de las veces es Satanás quien influye en ti. Como enemigo de Dios pone sentimientos en las personas para que no hagan oración.

La oración es la comunión con Dios, es hablar con él. Si tu no oras entonces difícilmente Dios habitará en ti. No basta decir que crees en Dios si con tus hechos lo niegas (Santiago 2:19). La pereza que hay en ti para hacerlo es provocada por el enemigo del mundo.

Es increíble, pero Satanás influye en tus sentimientos. Esto lo hace sin que te des cuenta.

# Opresión del demonio.

Quiero manifestar en este momento lo que significa opresión del demonio y en esto quiero extenderme un poco.

**Cuando una persona niega a Dios** es una opresión del demonio. Muchas veces esa persona niega a Dios porque está apartada de la gracia y por tanto no hay fe en ella. La razón es que esa persona normalmente peca gravemente y le conviene no creer en Dios para continuar haciéndolo. Satanás obra en todas las almas que pecan gravemente, lo que no saben la mayoría de ellas es que por tal razón se merecen el infierno.

**Otra causa de opresión son las enfermedades.** Hay veces en que no hay razón para que una persona esté enferma. La mayoría de las graves opresiones son aquellas en que el enfermo es diagnosticado con una enfermedad mental. Hay muchas personas que son orilladas por Satanás para obrar, pensar y en algunas ocasiones escuchar lo denominado "oír voces". Satanás es capaz de hacer que una persona lo escuche por medio de locuciones interiores orillando a esa persona a realizar determinadas cosas que puedan parecer mandatos de Dios. Dios habla a sus hijos de muchas maneras y una de ellas es por medio de locuciones interiores. Pero en algunas ocasiones éstas se pueden confundir. En la mayoría de los esquizofrénicos eso sucede. La locura es la enfermedad preferida por Satanás. Ustedes saben que las enfermedades provienen de Satanás. Dios ama a sus hijos y vino a sanar al mundo, así es que Dios no quiere a sus hijos enfermos. Muchas enfermedades son producto de la falta de fe y el pecado.

**Opresión demoniaca** es aquella que logra orillar a una persona a realizar algo sin estar poseído. Lo que no saben las personas es que todas aquellas tibias o que no tienen fe también están oprimidas por el demonio.

Quiero manifestar que la mayoría de las personas que no hacen oración, aunque digan creer en Dios, están igualmente oprimidas. **La**

**tibieza y la poca fe** orillan a las almas a pecar y olvidar que importante es creer en Dios por sobre todas las cosas.

Quiero dejar manifiesto que Satanás es un demonio que orilla a las almas a pecar gravemente y este punto lo voy a tocar enseguida.

Otra causa de opresión que tienen las personas es cuando les hacen **brujería.** Toda aquella alma embrujada sufre por el mal que le hicieron y es orillada a realizar cosas involuntariamente como también a sufrir enfermedades. La brujería es la causa más grande de opresión del demonio.

Otra causa es **cuando una persona peca gravemente.** Satanás la orilla a pecar más y si no se arrepiente a tiempo su alma se va al infierno. Un alma que peca gravemente es porque Satanás lo ha orillado y como no tiene fe suficientemente fuerte no se da cuenta que ofende a Dios gravemente.

En definitiva, la opresión demoniaca es aquella que oprime al ser humano para realizar algo que está mal o hacerle sentir algo malo.

Los corazones que no comprenden el amor de Dios sufrirán mucho. Es importante que sepan que Dios ama y desea que sus hijos se salven. Es imperioso dar a conocer la forma cómo el enemigo del mundo orilla a sus hijos a pecar y olvidar que sin Dios no hay vida. El amor de Dios ayuda a que las almas se salven, por eso es importante conocerlo leyendo las Sagradas Escrituras, haciendo oración, yendo a misa, confesándose, en una palabra, siendo fieles a él. Demostrar el amor de Dios con el prójimo es algo que se debe hacer siempre.

Satanás es perverso, es el enemigo del mundo. Él desea que todas las almas pierdan la vida y los oprime para orillarlos a pecar y a sufrir. El sufrimiento existe debido a la falta de Dios. Los hombres deben comprender que Dios vive y está presente siempre en la vida de sus hijos. Basta amarlo y adorarlo.

Quiero que comprendan que todas **las personas que hacen el mal** son personas oprimidas por el demonio para orillarlas a hacer el mal. Por eso es imperioso que asistas al confesionario. Quiero que sepas que cuando te confiesas el sacerdote es un instrumento nada más para comunicarte con Dios, pues es a Dios a quien le pides perdón, así es que no temas confesarte. Si vieras qué bien te sientes al hacerlo y cuánta paz recibes después nunca dejarías de hacerlo.

# Aversión a ir a misa.

La misa es un encuentro con Dios. Ella ha sido formada para rememorar el sacrificio que Jesús hizo para salvarnos. Conmemoramos el momento en que Jesús hace partícipe su voluntad para ofrecerse a sí mismo en cuerpo y sangre para darnos vida. Comulgar nos sirve para tener vida y esa vida es vida eterna. Pero quien come y bebe en pecado grave se condena. Por eso es imperioso confesarse antes de hacerlo.

Hay muchas personas que no les gusta ir a misa. Esa aversión es provocada por Satanás. Satanás orilla a las personas a alejarse de la presencia de Dios. Todas las personas que dicen "no necesito ir a misa, Dios está en todos lados y yo rezo" es un gran engaño de Satanás.

¿Por qué si Dios te lo da todo no te comprometes a hacer su voluntad?

Los corazones humanos necesitan saber que para poder vivir y que no se apague su alma es necesario obedecer a la Iglesia que pide que vayan a misa cuando menos el domingo.

Cuando un corazón humano se aparta de la gracia pierde la fe. Debemos vivir unidos a Dios y no alejarnos de él nunca. Sus preceptos son simples y si los sigues podemos tener una vida tranquila llena de alegría.

Hay almas que no buscan el amor y que los odios y resentimientos siembran en ellos tristeza y agonía. Cambien, olviden y perdonen siempre porque para ir a misa es necesario hacerlo. La Sagrada Comunión se recibe con un alma limpia y pura. Si tu comulgas habiendo pecado en vez de recibir vida recibes condenación y muerte. Esto quiere decir que pecas gravemente y por tanto tu alma pierde la vida y es así, la condena es irte al infierno. No peques, ve a misa y olvida cualquier ofensa. No es fácil, pero si perdonas tu alma tiene paz y la paz te ayuda a no sufrir en este mundo.

Cuando las almas comprendan que Dios vive y que ama a todos el mundo va a dar un cambio.

La misa representa el encuentro con Dios. Si no vas a misa entonces pierdes esa comunión que debe haber entre Dios y tú. El alimento que se da en la misa es verdadero alimento, esto quiere decir que quien come de su cuerpo y bebe de su sangre no morirá pues la promesa es esa. El que come de mi cuerpo y bebe de mi sangre tiene vida eterna (Juan 6:56). ¿Cómo es posible que niegues a Dios? Jesús habló muchas veces diciendo que su palabra es vida (Hebreos 4:12-13). En las Sagradas Escrituras está la palabra de Dios y quien niega su palabra peca gravemente pues no obedece a Dios. Dios vive y sigue hablando a sus hijos.

Entonces, en conclusión, si tu no vas a misa es porque el enemigo te tiene atrapado. Así es que ve y aliméntate de la palabra de Dios y de su Cuerpo y su Sangre que son alimento para tener vida. No dejes que tu alma se obscurezca, se fiel a Dios siempre y sálvate.

# Aversión a orar.

Cuando tu oras hablas con Dios. Es importante en cualquier relación humana tener comunicación entre sí, igualmente pasa con Dios, si tu no hablas con él se apaga esa relación, entonces el alma se obscurece y pierde la vida. ¿Por qué? Porque la oración es imprescindible para que la comunión con Dios exista. Dios vive y está presente siempre. Él te ama de muchas maneras y te lo demuestra con un gesto que te haga alguien, una palabra de aliento, un gesto de amor... en fin, todo lo que recibes bueno de alguien viene de Dios, no lo olvides.

Cuando tu oras te unes a Dios y alcanzas una paz muy grande. Él es tu amigo y te escucha. Quiero aclarar que Dios es bueno y no te olvida nunca y si padeces se debe a algo que no viene de él. Dios no da dolor ni enfermedad tampoco. El dolor viene de muchas causas, una de ellas es el pecado.

Ama a Dios y descubre en él la alegría de sentirte amado por él. Pide con fe, no lo olvides, solo recuerda que él merece gratitud también y por supuesto nuestro amor. La oración es una comunión que existe entre el cielo y tú. Tu puedes orar y sentir la paz que Dios te da. Démosle tiempo. Acuérdate que todo lo bueno que él te da es porque te ama profundamente.

Cuando tu no oras es porque hay un engaño del enemigo. ¿Por qué? Porque Dios creo al hombre perfecto y unido a él. Nosotros somos una familia, él es nuestro Padre y nosotros sus hijos. No olvidemos que, si damos amor, amor recibimos.

# Los pensamientos.

Nosotros sabemos que tenemos un espíritu de dominio propio (2 Timoteo 1:7), esto quiere decir que Dios le ha dado la capacidad de regirse por sí mismo. Cuando no lo hace es porque Satanás impera en ti.

La mala vida y el pecado hace que Satanás provoque en ti sentimientos impuros. Lo hace siempre y quiero decirte que no te das cuenta en la mayoría de las veces. Seducirte para obrar mal es lo que logra el enemigo cuando tu estás apartado de Dios o vives en pecado grave.

Si tu obras con odio y rencor es porque Satanás provoca esos sentimientos en ti. Cada vez que tu piensas en hacer el mal es porque Satanás te instiga.

Para que esto no suceda necesitas vivir en comunión con Dios. Dios es bueno y puede perdonar toda ofensa que no sea tan grave. En este punto quiero decirte que quien es infiel a Dios es un alma instigada por Satanás. Un ejemplo es cuando un hombre engaña a su esposa. Si un amor no es puro y fiel entonces no existe ese sentimiento. Otro ejemplo son las pasiones desordenadas y que se vuelven vicios grandes como las drogas, la fornicación, la lujuria, la depravación. Cuando una persona realiza un acto así es porque el enemigo del mundo lo ha orillado.

La falta de fe provoca que esa persona peque gravemente. Si tu no crees en Dios o crees creer en él, pero haces actos impuros es que en realidad no hay una verdadera fe. Siempre que los sentimientos de una persona sean malos es porque no hay nada bueno en ella y porque el enemigo lo ha provocado. Satanás es el enemigo del mundo y seduce a las personas a hacer el mal. Es por eso importante que si quieres tener vida y esa vida se transforme en vida eterna evites las ocasiones de pecar. Ama por, sobre todo. No te olvides que el amor rompe con la barrera del mal. No odies ni hagas actos impuros.

Satanás es el enemigo del mundo y cuando influye en ti es porque quiere que pierdas la vida y esto significa irte al infierno. Es importante dar reconocimiento a tu esfuerzo por cambiar para que esto no te suceda. Tu dominas tu mente y tu corazón. En cuanto tengas un mal pensamiento pide perdón a Dios y así siempre estarás en gracia. La gracia se consigue por la fe que tenemos en él. No lastimemos el corazón de Dios. Él vino a amarnos y darnos vida. No nos distraigamos en cosas vanas, y cuando digo esto es que pensemos siempre en salvarnos. Esta vida no lo es todo, hay una vida nueva que nos ofrece a Dios y es vivir para siempre. Logremos pues un cambio en nuestros corazones. Nadie puede dominar tu mente si tu no quieres. Dios ama y desea que sus hijos se salven.

Los pensamientos son la parte esencial para poder vivir unidos a Dios. Si una persona no tiene buenos pensamientos entonces provoca que pierda la fe y en consecuencia la presencia de Dios en su vida. Todo ser humano tiene un dominio propio y este quiere decir que Dios te ha dado la capacidad de reconocerte de manera particular y con libertad. Nadie puede dominar tu mente. Los pensamientos siempre deben ser buenos y con un corazón contrito. La importancia de reconocer que la mente está ligada al corazón ayuda a dar sentido a esta enseñanza. Dios habita en nuestro corazón y nadie puede arrancarnos su presencia. Mientras mantengamos una mente limpia.

# El corazón.

Cuando late con fuerza el corazón por Dios nosotros pensamos bien y tenemos la alegría de su presencia, sin embargo, existen razones para pensar bien o mal y el corazón va ligado al amor de Dios cuando estos pensamientos que tenemos nos ayudan a sentir amor y alegría.

El amor es la razón por la que el corazón late con fuerza. Cuando un corazón no tiene un sentimiento puro entonces es orillado por el enemigo a no sentir bien y por lo tanto encuentra placer en muchas cosas, pero no con un sentimiento puro. Del corazón salen los buenos pensamientos.

Cuando amamos a Dios nuestros corazones se unen y palpitan al unísono. Déjense amar por Dios, su corazón late con fuerza y nos llena de una nueva esperanza, regocijo en su presencia.

Un corazón que no late al unísono con el de Dios puede apartarse de la gracia que lo ayuda a reforzar su fe y verse inmerso en su bondad. Dios es bueno y aquellos que le son fieles los llena de grandes alegrías porque su amor es diferente, es santo, es puro y nada puede asemejarse a él. El corazón de nosotros también debe ser bueno y lleno de una paz desbordante. Cuando el corazón de nosotros no ama como ama Dios entonces se vuelve hostil, no es bueno y sufre. El corazón que late con fuerza por Dios ama intensamente y se llena de una paz inmensa. Cuando Satanás nos tienta entonces nuestro corazón deja de amar y sufre. Todos los que sufren están tentados por Satanás pues Dios es amor y aunque padezcamos nos llena de alegría y una gran paz. Observemos como hay tantos santos que en medio del dolor entregan su vida a Dios y lo hacen con amor y alegría, pues no sufren ya que el amor de Dios nos llena de paz. Amémonos pues y seamos fieles a Dios pues él quiere nuestro bien.

# Tentaciones del demonio.

Dios ama siempre y desea que nosotros vivamos en armonía, pero Satanás lo único que hace es tentarnos a hacer el mal. Cuántas veces pensamos en hacer o hacemos algo que está mal y lo sabemos y no nos importa, pues esto es tentación de Satanás. Un ejemplo es una persona que ve pornografía a sabiendas que es algo malo y lo sigue haciendo, siente muchas ganas y a veces hace el propósito de no hacerlo, pero vuelve a caer, esto es una instiga de Satanás, esto quiere decir que él nos tienta a hacerlo sin darnos cuenta. Lo prohibido lo hacemos sin saber por qué no podemos evitarlo.

Dios ama y desea que sus hijos vivan limpiamente y sin pecado. El tentador del mundo es Satanás. Él desobedeció a Dios y lo único que hace es tentar a las personas a perderse en los vicios, la pornografía, la lujuria, la brujería y la depravación, porque así logra que las almas pierdan la fe y pierdan la vida a la vez. La vida debe atesorarse pues es un regalo de Dios y todas aquellas almas que pequen gravemente se van al infierno. Basta ver como una persona se alcoholice que de ahí vengan tentaciones para hacer cosas indebidas, cosas que quizás en su juicio no haría. Por tanto, necesito decir que si sientes alguna tentación para hacer el mal proviene del demonio. La esclavitud de las almas que pecan gravemente provoca que se vayan al infierno. El infierno existe y la condena también, así es que no hagas malas cosas, antes bien únete a Cristo y salva tu vida. Amémonos pues Dios en su abundante bondad nos ayuda a ser felices.

Quien se deja tentar por el demonio se aparta de la gracia. Hay que comprender que todo aquel que hace el mal es condenado por sus malos actos. Satanás, el enemigo del mundo, es un demonio perverso que busca hacer el mal a todos. Aléjate de él, basta obedecer a Dios y cumplir con todo lo que nos pide: oración, penitencia, ir a misa, conocer su palabra, obrar bien. Quienes salvan su vida reciben la recompensa de una vida buena llena de alegría y mucha paz.

Satanás, enemigo del mundo, puede ser exterminado del mundo si las almas comprenden que deben vivir unidas a Dios. Dios ama a sus hijos y vivir unidos a él nos recompensa con el más maravilloso amor, su ternura indescifrable y una alegría muy grande.

Ser tentado por el demonio es algo perverso de parte de él, sin embargo, para poder verse librado de él requiere de un compromiso de vida. El amor de Dios es algo que deben conocer todas las almas. Déjense amar por él.

# Las argucias de Satanás.

Necesito que comprendan que el demonio es perverso y hace todo lo posible por perder a las almas. Un alma que se pierde, pierde la vida y se va al infierno. Muchas veces en nuestras vidas nos encontramos con problemas que nos damos cuenta que fueron originados por nosotros y nos arrepentimos. No sabemos cómo es posible que hayamos obrado así, pues esta es una argucia de Satanás. Cuando hablo así es porque necesito que comprendan que Satanás es mentiroso, pero que de una manera muy hábil nos ha hecho caer en sus artimañas. A veces no comprendemos cómo es posible que hayamos obrado mal y es por eso que te digo a ti que el mentiroso de Satanás es muy hábil para convencernos a obrar de cierta manera sin que nos demos cuenta de sus mentiras.

Para lograr no caer en las argucias de Satanás debemos pedirle a Dios que nos de la sabiduría necesaria para reprender el mal de nuestras vidas. La vida se atesora y siempre debe estar acompañada de actos buenos. La habilidad de Satanás, como mentiroso del mundo, nos hace obrar de cierta manera que con nuestros actos ofendemos a Dios. Nosotros debemos distinguir el bien del mal y solo esto sucederá si nos mantenemos alertas. Cada acto bueno y generoso de nuestra parte será recompensado por Dios. Él nos ama y quiere el bien para nosotros. Pidamos discernimiento al Espíritu Santo para descubrir las argucias de Satanás y librarnos de ellas.

Atención es lo que se necesita para acabar con las instigas del demonio. En otras palabras, quiero decir que acabemos con las mentiras de Satanás en nuestras vidas no cayendo en sus argumentos falsos. Satanás es un demonio que orilló a Eva a pecar con sus instigas dándole argumentos falsos para que cayera en sus mentiras y desobedeciera a Dios. La habilidad de Satanás es muy grande, es por eso que siempre deben orar al Espíritu Santo para que les revele la verdad de las cosas y evitar caer en las argucias de Satanás.

Un ejemplo de una argucia es cuando decidimos nosotros no ir a misa con el argumento de que Dios está en todos lados, por tanto, decidimos entonces que ir a misa no es importante, lo cual es falso ya que ir a misa es ir al encuentro de Dios vivo que nos alimenta de él para poder tener vida eterna. La vida se atesora, no es posible que caigamos en estos falsos argumentos que nos llevan a perder la comunión con Dios. Es por eso que debemos distinguir entre el bien y el mal y para lograrlo debemos tomarnos de la mano de Dios que siempre estará dispuesto a llevarnos por el camino correcto. Amemos entonces a Dios y demostrémosle que somos fieles siguiendo sus pasos.

# La verdad contra la mentira del demonio.

Necesitamos reconocer antes que nada que Dios vive y desde que vino al mundo trajo la verdad de su palabra, sus enseñanzas y esa luz abundante que nos lleva a reconocer el camino que debemos seguir siempre para salvarnos. Dios vive y se manifiesta a sus hijos de diversas maneras, pero lo más importante es que nadie que sea fiel a él puede perderse porque toda alma que sea buena es porque recibe la verdad de Dios siempre, pero Satanás es a la inversa, no hay verdad en él pues él es mentira. Cuando una persona se deja llevar por él es engañado por el mismo demonio de diversas maneras y una de ellas es hacerles sentir una mentira como si fuera verdad. El engaño que produce en nosotros es sutil y la mayoría de las veces no nos damos cuenta cómo influye entre nosotros. Dios vive y es bueno, por eso toda alma que siga sus pasos es difícil que Satanás la engañe. Hay veces que nos orilla a pecar de una manera que no nos damos cuenta que hacemos algo malo. Por ejemplo, cuando nosotros no reconocemos a Dios al negar su palabra y hacer parecer que no es importante hacerlo. La mayor herejía impuesta en la Iglesia es no compartir la Sangre Preciosa de Cristo al comulgar en la misa con el pretexto de que la Hostia Consagrada no solo contiene el Cuerpo de Cristo sino también su Sangre. Esta contrariedad ha sido impuesta por el mismo Satanás al engañar a mis hijos amados sacerdotes. Cuando la palabra de Dios es tergiversada es porque Satanás obra en ellos y no se dan cuenta. Dios ama a sus hijos y desea que le sean fieles en todo, es por eso que se debe poner atención a cada paso que damos y si caemos en las argucias de Satanás corrijamos nuestro proceder rogando a Dios que nos perdone y que vamos a mejorar evitando las ocasiones de pecado. El temor a Dios es un don que recibimos desde el mismo momento en que nos bautizan. Debemos reconocer que Dios es bueno y que desea lo mejor para nosotros.

Amar a Dios significa un compromiso de vida. Seguir sus pasos es un poco difícil ya que debemos renunciar a las cosas vanas y a todo aquello que hace que nuestras almas se pierdan. Para que esto no suceda debemos orar y no perder esa comunión con Dios. Hagamos pues un compromiso con Dios siguiendo sus pasos y logrando que la fidelidad en nosotros nos lleve a la verdad que es él. No dejes de amar pues Dios es amor. No guardes odios ni rencores con nadie. Perdona ante todo y pide por esas almas que están apartadas de la gracia. Nuestro compromiso de vida es ese, no caer en las argucias del enemigo y dejarnos engañar con sus mentiras. Atentos pues a todo y no se olviden que Jesús es la verdad y la vida (Juan 14:6) y que nadie puede apararse de él si viven en gracia.

# Satanás, enemigo del mundo.

Como sabemos Satanás es el peor enemigo de Dios, así como del mundo entero. Él fue un ángel hermoso que traicionó a Dios queriéndose sentir él mismo Dios. Como no pudo ganar la batalla con él entonces vino al mundo para hacer que desobedecieran a Dios. Cuando entró el pecado al mundo por la desobediencia de Eva (Gen 3:1-15) este fue infestado con odios y una perdición muy grande. La lujuria, la fornicación, la brujería, las depravaciones, los odios y la perdición constante son cosas que trajo al mundo para que las almas perdieran la vida. Dios ama a todos sus hijos y le duele ver como se pierden. Hay tantas cosas que ha logrado el enemigo del mundo en las almas, es por eso que debemos estar atentos y no caer en sus argucias. La fidelidad del hombre hacia Dios debe ser demostrada con hechos, esto quiere decir que si hay fe hay que dar testimonio del amor de Dios a todas las personas. Vivir en gracia es lo mejor que puede hacer una persona, para que esto suceda es necesario vivir de acuerdo a la voluntad de Dios. En las Sagradas Escrituras podemos encontrar muchos ejemplos de cómo debemos vivir. La vida se atesora.

Dios ha venido al mundo a salvar a sus hijos y a traer la paz. Nos ha reconciliado con su Padre. El amor es el don más precioso que debemos tener para que nuestra vida sea buena. Sin amor el alma se pierde. Satanás es odio y quien odia pierde la vida porque su alma se obscurece y ya no hay luz en ella.

Quiero que comprendan que la perversidad del demonio es tan grande que en este momento muchas almas se han olvidado de Dios. Dios ama a sus hijos y les pide que no olviden que su corazón sufre por todas aquellas almas que están perdiendo la fe. El enemigo del mundo es perverso, tanto que ahora en el mundo hay tantas almas que desobedecen a Dios y por tanto ellas se van al infierno.

Amemos pues a Dios y rindámosle honor. Honremos su nombre siempre.

El enemigo del mundo es un perverso demonio que se dedica solamente a que las almas pierdan la vida. ¿Y cómo lo hace? Pues bien, quiero aclarar que Dios en su infinita misericordia nos da su luz abundante para que aprendamos a amar y a hacer vida su palabra, en cambio el demonio es odio y obscuridad, de esta forma cuando seduce a las almas lo hace para que pierdan la vida y de esta forma se vayan al infierno. Todo pecado proviene del mal que él produce en nosotros. Hay tantos pecados por los que se pierde la vida, es por eso que debemos estar atentos para no perderla. Dios ama a sus hijos y quiere que se salven. Ama a Dios como él te ama. Su amor es maravilloso y nos llena de alegría. Participar en las obras del demonio es perder la vida. El infierno existe. Es u lugar horrible donde solo hay odio y el fuego los consume.

Amemos pues a Dios y no olvidemos que él es bueno y si pecamos y nos confesamos él nos perdona. Su amor es indescifrable. Cuando nos inunda nos llena de alegría constante y mucha paz.

# La perdición del hombre, obra del demonio.

Cada vez que pecamos nos hacemos cómplices del demonio. Con esto quiero decir que todo pecado en el mundo ha sido provocado por Satanás desde el momento en que tentó a Eva en el paraíso. Dios hizo al hombre a su semejanza (Génesis 1:27), lo que quiere decir es que nos hizo buenos. Cuando entró el pecado al mundo él nos separó de la gracia, esto quiere decir que el mal se apoderó de nosotros por desobedecer a Dios. Para poder vivir en gracia es necesario amar a Dios y hacer vida su palabra. En su palabra encontramos muchos ejemplos de cómo debemos vivir y ahuyentar al demonio de nuestras vidas. Hay pecados que te llevan a la muerte y estos son no cumplir con los mandamientos. Los mandamientos los ha dado Dios para que aprendamos a vivir unidos a él. Hoy el mundo está provisto de perdición constante: los vicios, la lujuria, la idolatría, la brujería, la depravación entre otras cosas más. Por eso yo te invito a hacer vida la palabra de Dios para poder vivir unidos a él. Si nosotros cumplimos con lo que nos pide entonces podemos vivir en gracia y gozar de vida eterna.

Cuando peques arrepiéntete inmediatamente y confiesa tus pecados para que Dios perdone tus faltas y salves tu vida. Ama a Dios por sobre todo y no te olvides que su corazón te ama y quiere lo mejor para ti.

Quiero que comprendan que la lucha espiritual es muy fuerte. Debemos derrocar al demonio siendo fieles a Dios. Dios ama a sus hijos y todos los que son fieles a él los protege y los ayuda a tener una vida buena conforme a la voluntad de él. Los corazones humanos necesitan volver a Dios. Hay tanta perdición en el mundo que si no lo hacen sufrirán mucho. El amor de Dios es maravilloso, déjense amar por él. Si lo hacen él los ayudará a tener una vida honrosa lejos del pecado. La alegría que él da a sus hijos es incomparable. Nuestros corazones deben estar unidos a Dios, si es así entonces encontramos paz.

**LA COMUNIÓN CON DIOS. COMPILACIÓN DE LIBROS.  63**

alegría que él da a sus hijos es incomparable. Nuestros corazones deben estar unidos a Dios, si es así entonces encontramos paz.

# Satanás, el mentiroso.

Ustedes saben que Dios es bueno, es verdad y es vida. Cada alma que se deja amar por él recibe bendiciones constantes. Dios ama a sus hijos y anhela que ellos sean recíprocos con él. Como un Dios amoroso que es da a sus hijos una vida nueva llena de alegría y paz constante. Quienes se unen a él reciben amor, paz y una felicidad muy grande. Cada alma que se convierte a él es protegida por él, sin embargo, la lucha espiritual es muy fuerte, es por eso que quiero hablarles de lo que significa caer en las mentiras de Satanás. Ustedes saben que él se convirtió en demonio y esto fue porque desobedeció al Padre, es por eso que se volvió un mentiroso. Él miente siempre y no ama a nadie. Él quizo ser Dios, pero no lo logró, entonces comenzó a odiar y a poner en contra de Dios a cualquier alma.

Dios ama a sus hijos y los aleja del mal, sin embargo, hay muchos que pecan gravemente. Cuando ellas pecan Satanás las arrastra al mal dándoles una vida alejadas de Dios. Él los convence con sus argucias a pecar. Cuando pecan Satanás viene a ellos y les propone tener una vida de idolatría, de falsedad y llena de actos perversos que los orillan a pecar gravemente contra Dios. El enemigo del mundo no ama y su odio es muy grande contra todas las almas. Por tal motivo lo único que anhela es apartarlas de la gracia para que pierdan la fe en Dios. Pero si un alma es fiel a Dios difícilmente podrá ser engañada por él.

Como mentiroso ofrece poder, dinero y una vida llena de desenfreno. La lujuria es lo que más ofrece. El pecado de la carne es lo más grave que hay porque todas esas almas perderán la vida. Dios es vida y Satanás es muerte. Sabemos que hay un solo Dios y que ese Dios quiere el bien para sus hijos. El problema es que Dios le ha dado libertad al hombre y ellos han usado esa libertad para el mal. Es muy triste, pero así es. Quisiera que supieran que Dios vive y es bueno. Quien se aparta de la gracia pierde la fe en Dios y vive en desacuerdo a su palabra. Quiero que comprendan que desafortunadamente el mundo no provee nada bueno pues ha sido envuelto por el mal. La perdición que ofrece el mundo es algo espantoso. Satanás miente ofreciendo una buena vida, pero lo único que quiere es la perdición para las almas. Las cosas que ofrece son la riqueza, el poder, los vicios, la lujuria, así como también enseña a matar y a pecar gravemente en la carne. Todos los crímenes son engaños de Satanás. Nadie que no haga el bien puede salvarse y la condena para ellos es irse al infierno. Es por eso que yo quiero decirles que renuncien al mundo. No participen en él, más bien vivan unidos a Dios siendo buenos hijos. Si tú renuncias al mundo la recompensa es grande, así es que deja amarte por él. Su amor es indescifrable, maravilloso y lleno de paz constante. Déjate envolver por el amor de Dios. Él te ofrece una vida maravillosa donde no hay dolor ni sufrimiento alguno. Si lo haces él te recompensará con bendiciones constantes, una alegría nueva y tu vida llena de felicidad.

Nada de lo que te da Dios es malo porque Dios es vida y amor. Así es que te invito a que te dejes amar por él pues es maravilloso su amor.

# La tentación del demonio.

Cada vez que nosotros albergamos odio en nuestro corazón Satanás tienta nuestra vida. Esa tentación es provocada por Satanás para que nosotros peleemos y hagamos guerra a nuestros hermanos.

Satanás es un perverso demonio que orilla a las personas a cometer actos aborrecibles. El tentador siempre está pendiente de nuestra vida. Él fue un arcángel con dominio propio que renegó de Dios y se convirtió en demonio debido a que odia y no hay amor en él. Todo lo que ofrece es perdición constante a todas las almas para que pierdan la vida. Esas almas que pierden la vida se van al infierno. Cuando el demonio las tienta lo hace para arrancarles la fe en Dios. Dios es bueno y lo que da a sus hijos es vida, amor, paz y felicidad. La felicidad se consigue a base de esfuerzo y para lograrlo deben amar a Dios con todo el corazón, orar siempre, hacer vida la palabra de Dios, participar en los sacramentos. Cada invitación que Dios hace a sus hijos es para llenarlos de alegría. Hoy el mundo sufre y seguirá sufriendo si no volvemos a Dios. Nadie en el mundo te ofrece salvación mas que Dios. Es por eso que deben estar atentos para no caer en la tentación del demonio que ofrece poder, riqueza, desenfreno, todo tipo de pecados de la carne, así como actos depravados. Esten atentos y no se dejen doblegar por el demonio. Oren siempre y en todo lugar y no olviden que Dios vive y es bueno.

Pidan siempre auxilio a San Miguel Arcángel y póngase bajo su protección. Pidan a Dios que les ayude a cambiar para que así den testimonio de la bondad de Dios.

El enemigo perverso es un demonio hostil que no le importa la vida. Él lo único que quiere es que odien a Dios y se aparten de la gracia. Cada vez que tienta a una persona la orilla a pecar gravemente contra Dios. Esos pecados son muy graves y reflejan desobediencia a Dios. Dios ama a cada uno de ustedes y desea que sean salvos, solamente que la salvación no llega fácilmente a la vida de las personas porque no honran a Dios como debe ser. El demonio te tienta para pecar gravemente y uno de los ejemplos que te doy es el de aquellas personas que ven pornografía y después de estarla viendo mucho comienzan a hacer los mismos actos depravados que ven. Todo pecado tiene consecuencia, pero el pecado de la carne es lo más grave que hay ya que nosotros somos templos del Espíritu Santo y debemos vivir en santidad. ¿Cómo alcanzar la santidad? Pues amando a Dios, orando, yendo a misa, confesarse a menudo, conociendo la palabra de Dios, haciéndola vida con nuestros actos y dando testimonio de nuestra fe. Vive la voluntad de Dios y no te olvides que él es bueno y cuando te corrige lo hace con amor. El amor de Dios es maravilloso y capaz de perdonar tus pecados para que puedas tener vida. Reflexiona siempre en qué has fallado y pídele perdón a Dios yendo al confesionario. No tengas temor porque yo te aseguro que después de ir te quitas una gran carga de tu corazón. Vive en armonía y sé fiel a Dios. No olvides que él te espera con los brazos abiertos como el hijo pródigo (Lucas 15:11-32). Todo puede cambiar en tu vida si te dejas amar por él. El amor de Dios es algo inigualable y cuando lo sientas ya no te querrás apartar de su presencia.

# Las instigas del demonio.

Satanás es un perverso demonio como ya lo saben. Él orilla a las personas a pecar gravemente y esto lo hace a través de sus instigas. Instigas es inducir a cometer un acto que va en contra de Dios, esto quiere decir que es un demonio hostil. Cuando alguien alberga odio en su corazón es porque Satanás lo ha orillado a hacerlo. Cada vez que tu piensas cometer un acto que va en contra de Dios es porque el demonio te ha orillado a hacerlo. ¿Cómo lo hace? Pues bien, quiero decirte que él tiene la capacidad de cambiar tus sentimientos para que te apartes de la gracia y pierdas la fe en Dios. No permitas que lo haga, permanece atento y si te llega un mal pensamiento en contra de la voluntad de Dios lucha y no te dejes vencer por el demonio. Ama a Dios por, sobre todo, esto quiere decir que siempre pienses en él antes de actuar para que no lo ofendas. Si has cometido un acto malo pide perdón a Dios y no vuelvas a hacerlo. Dios ama a sus hijos y su misericordia es infinita. Cuando digo esto es porque si te arrepientes con el corazón contrito él te ayudará a mejorar de vida. No te dejes vencer por el demonio, antes bien lucha contra él. Yo sé que tu estás dispuesto a cambiar. Salva tu alma porque si no te perderás en el infierno. La vida se atesora. Pensar por un momento que puedes ganarte la vida eterna hace que el corazón de Dios se sienta dichoso porque has comprendido el llamado que te hace. Busca hacer siempre el bien y olvídate del mundo que está lleno de perdición constante. Esto quiere decir que no participes en las obras del demonio. Solo piensa qué es bueno y qué es malo y sigue el buen camino que te traza Dios para que te salves.

Yo los invito a reconocer a Dios y pedirle que les dé un corazón nuevo. El corazón de Dios es bondadoso y maravilloso. Quien ha conocido su corazón sabe bien que el amor que él da es inigualable. Vivan de acuerdo a su voluntad y verán lo maravilloso que es amarlo.

# Las argucias del demonio.

Quiero que sepan que Satanás es un perverso y hostil demonio. Hay muchas ocasiones en que el demonio nos orilla a pecar gravemente sin que nosotros nos demos cuenta. Él con sus argucias nos engaña para hacer parecer algo malo como bueno. Cuando digo esto es porque Satanás es capaz de hacerte creer un acto malo como bueno. Por ejemplo, ustedes dicen que no es importante ir a misa porque tu oras con Dios en cualquier momento, lo cual es un acto grave contra Dios porque en verdad la Santa Misa se celebra para poder estar en la presencia de Dios y alimentarte de él. Quiero que sepas que Dios vivo se une a ti cuando comulgas y te da vida. Es importante saber esto para que reconozcan que para tener una buena comunión con Dios es necesario corresponderle en todas sus peticiones que nos ha dado a través de las Sagradas Escrituras. Cada engaño de Satanás es para que pierdas la fe en Dios y pierdas la vida también.

Dios ama a sus hijos y los protege contra la influencia del demonio. Es necesario que comprendan que su amor rompe con la barrera del mal y nos hace dóciles a él. Ten en cuenta que su amor incomparable no lo encuentras en otro lado, antes bien, corresponde a su amor obrando siempre con verdad.

Amar a Dios es lo que necesitamos para que el enemigo perverso no nos instigue y con sus argucias nos lleve a reconocer algo malo con la apariencia de bueno. Él es un engañador y se dedica a perturbar a las personas sin que se den cuenta. Es difícil de comprender, pero así es. Él fue un ángel bueno que tenía un dominio muy grande que ahora usa solo para hacer el mal. Quiero que comprendan una cosa, que las buenas obras alejan al demonio de nuestras vidas. No dejemos de amar y sigamos los pasos de Jesús que nos lleva a un camino donde encontramos paz y alegría. Para poder vencer al demonio es necesario cumplir con todo lo que nos pide Dios a través de su palabra. Hagámosla vida y caminemos junto a él.

# La brujería.

Quiero comenzar a dar testimonio de lo que me sucedió a mí. Yo he vivido en carne propia lo que es que te hagan una brujería. Yo me empecé a enfermar sin motivo alguno. Yo sufría muchísimo de varios problemas en mi organismo. Simplemente algún día dejé de tener gusto por la comida. Yo comía, pero la comida no tenía ningún sabor para mí. También perdí el tacto. Dejé de evacuar y orinar. Sabía que me iba a morir y todos los días perdonaba a los que me habían hecho daño y le encargaba a mi amado Jesús que cuidara de mi pequeño hijo. Yo había ido a varios médicos sin que encontrar la causa de mis enfermedades. Hasta que un día me llevaron a que me hicieran oración unas personas que pertenecían a la Renovación en el Espíritu Santo Católica. Y gracias a Dios después de que oraron por mí, mi salud comenzó a mejorar.

La brujería es algo horrible que usan muchas personas para hacer el mal o conseguir cosas. Hay muchas personas embrujadas que no saben qué les pasa. Todos estos actos son perversos y son producto de la maldad del demonio. Toda brujería se debe a una opresión de Satanás muy grande. Con ella pueden obligar a una persona a hacer cosas. El sometimiento es muy grande ya que con él obligan a una persona a permanecer unida a alguien que no quieren o también lo hacen para que una persona enferme y muera. Todas estas causas provocan que las personas que hacen brujería se vayan al infierno.

Hay un dolor muy grande en el corazón de Dios por tanta brujería que hay en el mundo. Dios ama a sus hijos y los quiere fieles a él. Cometer actos que van en contra de Dios provoca que esas personas pierdan la fe y se vayan al infierno. Por medio de la brujería Satanás provoca que las almas que la hacen pequen gravemente y por lo tanto pierdan la vida.

Quien va a solicitar que te hagan un trabajo de brujería provoca que esa alma entre en obscuridad y peque gravemente porque cada brujería es un ofrecimiento a Satanás. Las almas piensan que nada pasará si solicitan un trabajo de brujería, pero lo cierto es que la condena si lo hacen es irse al infierno. Toda alma que peca gravemente pierde la vida. Atesora tu vida y no hagas nada malo porque Dios condena a todas esas personas que hacen el mal. No existe ninguna brujería buena, todas esas son argucias de Satanás para que las personas piensen que la brujería o magia blanca no trae consecuencias a tu vida. Eso es falso, la condena para ellas es la misma que para la magia negra, que es irse al infierno.

# La nueva era.

Todas las almas que ofenden a Dios tienen una condena. Necesitamos reconocer a profundidad cómo hay cosas que ofenden a Dios. Muchas prácticas que son paganas hacen que se pierda tu alma. Las enseñanzas en todas estas prácticas se alejan de la verdad de Dios. Dios no habita en esas personas que hacen todas estas prácticas. Algunas de ellas son el Reiki, esoterismo, yoga, meditación trascendental, lectura de cartas, medicina alternativa, creencia en la denominada Santa Muerte, cartas astrales, Horóscopos, astrología, cuarzos, amuletos y tantas prácticas más. Todas ellas van en contra de Dios y lo ofenden gravemente.

Quiero que sepas que Dios vive y que si tú lo amas no necesitas recurrir a todas esas prácticas paganas. Dios es bueno y a sus hijos fieles los llena de gran paz, sana sus dolencias, cura las heridas de su corazón y restaura su vida. Dios es bueno y no hay otros dioses fuera de él. Quiero que sepas que al recurrir a todas esas prácticas abres puertas al mal y cuando esto sucede pierdes la vida, por lo tanto, mereces ir al infierno. Dios habita en los corazones de las almas fieles y es bueno siempre. Conocerlo es maravilloso porque te llena de su amor y ternura. Ámalo y no lo ofendas. Quiero que sepas que si recurres a estas prácticas estas propenso a que seas poseído por un demonio. Es preciso alertar a todas las personas acerca de este peligro que es real. Cada vez que tu recurres a alguna de estas prácticas te alejas más de Dios porque no está su presencia en ellas, aunque te lo digan. Por eso debes considerar si deseas vida porque la vida se atesora y solo la encuentras en Jesús nuestro Señor. Por eso aléjate de ellas y recurre al Señor para que te perdone. Ve a confesarte y has el propósito de no pecar más a través de estas prácticas. Porque parecen buenas, pero no lo son.

# La perdición del mundo.

El mundo está desprovisto de valores y cuando hago referencia a esto es que han perdido la capacidad de reconocer las obras del demonio, en otras palabras, quiero hacer mención en que han olvidado lo que es bueno y lo que es malo.

Dios ama a sus hijos y ha dado la vida por ellos para que reconozcan la verdad y lo que es bueno. Hoy el mundo ha perdido la capacidad de darse cuenta que los pecados grandes que hay en el mundo son la perdición de él. Cuantas veces las personas llevan prácticas contrarias a la fe sin darse cuenta que son malas. Un ejemplo de esto son los vicios. La gente se emborracha y cree que no es nada malo, pero eso no es cierto. La bebida lleva a las personas a hacer cosas que ofenden a Dios. Estas personas pierden la conciencia bebiendo, hacen daño a quienes les rodean y usan el argumento vano de que para poder estar alegre se necesita emborracharse.

Quiero que sepan que es triste, pero en realidad lo único que encuentras en el mundo son cosas que te llevan a apartarte de la gracia y perder la fe. Un ejemplo más es la idolatría al dinero. El dinero es usado como un Dios con el que se puede adquirir todo lo que quieras, a cualquier precio. Vivir inmerso en la riqueza hace que las persona idolatren ese dinero y no lo compartan, porque la mayoría de las veces así es, no saben dar caridad. Lamentablemente con el dinero puedes comprar tantas cosas que te envuelves en un mundo irreal, ya que con el dinero nunca encontraras el verdadero amor. No te engañes. Nada de lo que te ofrece el dinero te hace bien. Por eso es mejor que vendas todo y ese dinero lo repartas con quienes más lo necesitan.

Por otro lado, quiero que sepas que en el mundo encuentras perdición constante porque está lleno de lujuria y actos depravados. Las almas deben comprender que todo esto te lleva a la muerte y cuando hablo así es que esa condena es irse al infierno. No te dejes engañar por el demonio. Nada que te aleje de la verdad es bueno. Por tanto, se fiel siempre y no olvides que la misericordia de Dios es muy grande para quienes se arrepienten de corazón.

**En conclusión:**

Dios viene al mundo a salvar a sus hijos por medio de su sacrificio y muerte de cruz. Satanás es vencido por medio de este misterio divino. Por tanto, quiero que sepas que, si Dios es vida, Satanás es muerte. Vive y no olvides que Dios te ama.

Laura Josefina Salazar Tovar

# Libro 3

# TRATADO SOBRE EL PERDÓN.

Un corazón bueno sabe que para amar a Dios es necesario vivir lejos de todo aquello que te haga caer en pecado. Caer en pecado es fácil cuando tu no tienes comunión con Dios. Dios es bueno y si te acercas a él perdona tus ofensas graves y no graves.

Ama a Dios y no olvides que él es bueno y te ayuda a mejorar de vida. La vida que nos da se llena de esperanza y paz. Quiero que sepas que Dios habita en cada alma fiel. La fidelidad se consigue cumpliendo la palabra de él y siendo fieles a la Iglesia que él formó. Ama a Dios sobre todo y no olvides que su amor es maravilloso.

El perdón es algo bueno para el ser humano. Quien se arrepiente recibe de Dios la amistad de él y su gracia, esto quiere decir que Dios ayuda a que camines con él y tu fe se acreciente. Ama a Dios y no olvides que él es bueno y quien lo hace recibe la salvación de él.

Amar a Dios no es fácil si no conoces su palabra. Su palabra te instruye y te guía a una vida nueva llena de esperanza. Cuando hay esperanza te llenas de paz porque sabes que tienes un futuro mejor de acuerdo a la verdad de Dios.

Ama a Dios y llénate de alegría, él es bueno y maravilloso su amor. Quien corresponde a su amor es llevado de la mano a un futuro mejor lleno de alegría y una felicidad inmensa.

Si pecas pide perdón a Dios. Si es un pecado venial hazlo directamente con él, pero si es un pecado más grave entonces ve y confiésate. La confesión es un encuentro con Dios a través de un sacerdote, solo que tu expones tus pecados al sacerdote. La reconciliación se debe dar con un profundo arrepentimiento y con la convicción de no volver a pecar, si no lo haces así entonces Dios no te perdona. Hay veces que hay personas que se confiesan y omiten sus pecados graves o no hay arrepentimiento, entonces no hay absolución. El sacerdote no sabe si mientes, pero Dios sí.

Dios quiere que sus hijos se salven es por eso que necesario es vivir lejos del pecado. El pecado va en contra de Dios, esto quiere decir que es el pecado lo que ofende a Dios y pierde al hombre. La depravación, la fornicación, la lujuria, la idolatría y muchas cosas más son las que pierden al hombre, esto quiere decir que los lleva a perder la vida y por lo tanto al infierno. Si caes en pecado arrepiéntete a tiempo y confiésate. Es el sacerdote quien está capacitado para absolverte o condenarte. Dios les dijo a sus apóstoles: "Todo lo que aten aquí en la tierra quedará atado en el cielo y todo lo que desaten en la tierra quedará desatado en el cielo (Mateo 18:18). Por lo tanto, quiero que sepan que Dios les ha dado a los sacerdotes la autoridad, sobre todo, sin embargo, si alguien se confiesa y no está arrepentido, aunque el sacerdote lo absuelva Dios no lo hace. Si bien ellos están capacitados para hacerlo no conocen las intenciones del hombre y Dios sí.

Dios ama a sus hijos y quiere el bien para ellos, esto quiere decir su felicidad, así como su salvación. Él ha venido al mundo a enseñarnos cómo vivir y a darnos su amor. Dios vive porque resucitó, quiere decir que él sigue dando muestras de su amor a quienes le son fieles. La fidelidad se alcanza haciendo las obras que él nos encomendó. Vivir como Dios quiere no es fácil si tu no quieres obedecer sus preceptos y enseñanzas. Él ha venido al mundo no a quitar la libertad al hombre sino a enseñarnos a vivir respetando esa libertad que nos dio, por tanto, vivir de acuerdo a la voluntad de Dios depende de cada quien.

Quiero que sepan que es el demonio quien tienta al hombre a pecar y vivir en la obscuridad. Dios es luz y es vida, a la inversa Satanás es obscuridad y muerte. Quien sabe esto se aleja del pecado. La vida es buena y maravillosa si vives de acuerdo a la voluntad de Dios porque él es quien te lleva a una vida nueva de alegría y de paz. Quiero que sepan que constantemente es el demonio que nos tienta a pecar, pero si nosotros estamos atentos y le pedimos a Dios que nos guíe será fácil alejarnos de él.

El alma que peca pierde la fe y abandona a Dios. Solo el arrepentimiento hace que esa alma vuelva a Dios. Dios ama a sus hijos y los quiere fieles a él, esto quiere decir que deben obedecer sus mandamientos y hacer vida su palabra. Amar como Dios es otra cosa que un alma debe hacer. Por otro lado, un alma que quiere dejar el pecado debe alimentarse de Dios en la Sagrada Eucaristía.

Obrar bien implica un compromiso de vida, no es fácil si vives en el mundo. Cuando hablo así quiero decir que debes alejarte de las borracheras, la lujuria, el paganismo, la idolatría, la depravación y todo lo que te lleve a perder la fe. La fe se acrecienta con buenas obras y obrando conforme a la voluntad de Dios. Dios quiere que sus hijos se salven y les da muestras de su amor de muchas formas, pero el pecado no permite darse cuenta porque la luz que Dios te da se pierde por él.

Dios habita en cada alma fiel y su amor permite que esa alma crezca dando buenos frutos. Santificarse es un regalo que Dios da a cada alma fiel que cumple con su voluntad. Dios ama a sus hijos y los conduce a un buen arroyo lleno de paz. Nosotros debemos saber que la alegría que Dios nos da no es nada comparada con el mundo.

Regocíjate en la presencia de Dios, él es bueno y a sus hijos los recompensa con una felicidad inmensa y mucha paz. El don de Dios es una herencia de una vida eterna. La eternidad te espera si cumples con lo que Dios te pide.

Dios viene a sus hijos a dar un augurio de una prosperidad que solo se alcanza con él. La vida que te da es maravillosa comparada con el mundo. El mundo no te deja nada bueno, por eso renuncia a él y disfruta de la vida que Dios te da.

El amor de Dios hace que tu puedas tener una mejor vida alejándote de todo aquello que te aparta de la gracia. El mundo está lleno de pecado es por eso que debes abandonarlo si quieres salvarte, y al decir esto te quiero decir que debes aprender a no participar en lo que te haga pecar y haga que te alejes de Dios.

Dios viene a dar a sus hijos un augurio bueno lleno de paz y alegría constante. En él hay salvación y solo en él. La vida él nos la da y nos la puede quitar. ¿Cómo Dios te puede quitar la vida? Pues es siendo infiel a él y pecando gravemente. Quiero que sepas que si te arrepientes profundamente y te reconcilias con él puedes salvarte. Para esto necesitas confesarte verdaderamente con un corazón arrepentido. El arrepentimiento es importante para que Dios te perdone, si no lo hay pierdes la gracia y la amistad con él.

Dios viene a dar a sus hijos garantía de una vida mejor, es por eso que te invito a reconciliarte con él. Si la reconciliación se da quedas limpio y libre otra vez, lleno de luz. Dios viene a dar a sus hijos libertad y esa libertad se obtiene a partir del nacimiento. Dios respeta esa libertad, es por eso que cada quien debe ser responsable de su propia salvación. Cuando tu vas al confesionario debes saber que lo más importante es que tu estes arrepentido porque hay muchas almas que no se arrepienten y por lo tanto no son perdonadas por Dios y esto perjudica su vida y comunión con él. Quien no se arrepiente pierde la vida y cuando digo esto es que esa alma pecadora se condena y por lo tanto se va al infierno. Nadie puede engañar a Dios, quizás al sacerdote sí, pero Dios que lo sabe todo verá tu conciencia y sabrá la verdad.

Ama a Dios y consigue de él su amistad. Ser amigo de Dios trae consigo una bendición muy grande, lo que quiere decir es que hay salvación en ella. La amistad con Dios se da por permanecer con él. Si tu quieres vivir unido a él y conocer lo maravilloso que es su amor entonces debes seguir sus pasos inspirado por su palabra. La palabra de Dios es luz y esa luz alumbra el camino de cada uno. Vivir de acuerdo a la voluntad de él es reconocer que el mundo te pierde y que debes vivir alejado de él.

El pecado vino al mundo por medio de Satanás cuando engañó a Eva para que desobedeciera a Dios. La obediencia es lo primordial para poder vivir de acuerdo a la voluntad de Dios, si no hay obediencia no hay comunión con él. Satanás es el ejemplo de desobediencia más grande que hay y el ejemplo más grande de obediencia es la Santísima Virgen María. Caminemos unidos a Dios con la esperanza de una vida llena de amor, alegría y paz. Quiero que sepas que por la desobediencia de Eva y Adán entró el pecado al mundo. Cuando vino Jesús a la tierra vino a destruir la obra del demonio que nos enemistó con Dios y gracias a su salvación podemos gozar ahora de la vida eterna.

El pecado destruye la vida y nos orilla a una vida de obscuridad, pero gracias al perdón podemos reconciliarnos con Dios y volver a la luz. Para que esto suceda debemos confesarnos y así poder vivir unidos a Cristo y gozar de la salvación que nos tiene prometida que es la vida eterna.

Una persona que peca y no se arrepiente no puede tener vida. Dios es vida y a sus hijos fieles les da la oportunidad de salvarse, para que esto suceda es necesario vivir conforme a la voluntad de él haciendo vida su palabra, yendo a misa y comulgar, pero libres de pecados graves que deben confesarse antes y los veniales es permitido comulgar, aunque después te confieses. Es meritorio dar entendimiento que el pecado hace que el alma perezca, se quede sin luz y por lo tanto reciba la condena de ir al infierno.

Quien vive como Dios pide tiene una vida feliz, llena de amor y mucha paz. La alegría permanece en el alma y ella se siente dichosa por ser hija de Dios. La mundanidad no es buena, aléjate del pecado porque en el mundo solo encuentras perdición constante.

Una de las cosas importantes que se debe saber es que el dinero pervierte a las personas haciendo que no reconozcan a Dios en su vida y si lo reconocen muchas veces son tacaños, no dan caridad y el poder y la riqueza los llenan de pecados grandes como vicios, desenfreno y perversiones. Los pecados grandes hacen que las almas se aparten de la gracia y olviden que para poder tener una vida nueva es necesario tener comunión con Dios. Otras de las cosas que hacen que se pierdan las almas son los odios, las discordias, rencillas... El poder y el dominio son también cosas por las cuales se pierde la paz del mundo. Es por eso que deben saber que lo mejor es renunciar al mundo y vivir una vida sencilla.

El perdón es importantísimo para que una persona viva en gracia de Dios. Ella debe arrepentirse profundamente de sus pecados y recurrir al sacramento de la reconciliación para que a través de él recibas el perdón de Dios. Dios es bueno y ama a sus hijos, su misericordia es muy grande y recibe a sus hijos con amor si ellos se arrepienten. Cuando el arrepentimiento no llega es porque Satanás te orilla a abandonar a Dios y hace que no sientas ningún remordimiento por tus pecados para que pierdas la gracia y por lo tanto la vida. Perder la vida es que no te vas al cielo sino al infierno. Dios es vida y la da a todos aquellos que les son fieles. Ámalo y no te olvides que la salvación está en él.

Una de las maneras en que tu puedes reconciliarte con Dios es también cuando tú tienes pecados veniales, solo pídele perdón a él y cuando tengas tiempo te confiesas. Pedir perdón y reconciliarte con Dios hace que tú vivas en gracia y puedas crecer espiritualmente hasta llegar a la santidad. La santidad solo se alcanza si tus obras son buenas y ya no hay pecados graves en ti.

Pide perdón siempre, en el mismo instante que pecas, así como confiésate una vez al mes para que la gracia permanezca en ti.

Si un alma se arrepiente y cambia de vida Dios la reconoce y la premia dándole felicidad y mucha paz. El amor de Dios es el mejor premio que puedes recibir porque es maravilloso, indescriptible y eterno. Nadie puede vivir sin él. Las almas que no tienen amor se ensombrecen, comienzan con odios y resentimientos y acaban con su vida yéndose al infierno. Dios no quiere que sus hijos se pierdan sino al contrario, desea que se salven. Solo que no es fácil si niegan a Dios con sus obras.

Luz es lo que necesitan las almas para recibir la verdad de Dios y poder vivir llenos de alegría y paz. Cuando un alma no tiene luz tiene amargura y no tiene paz. Vive de acuerdo a la voluntad de Dios y aléjate del mal camino.

El perdón es algo que necesitamos comprender. Dios perdona a sus hijos siempre, si es que la ofensa grave no te lleva a la muerte. Dios es misericordia y él siempre espera que vengas a él y le pidas perdón. Por lo tanto, como él es bueno perdona siempre a sus hijos cuando se arrepienten de corazón. Es importante saber que Dios ama a sus hijos y desea que ellos se salven. No dejes de ir a confesarte porque es allí donde te encuentras con Jesús para pedir perdón y a través del sacerdote recibas la absolución y por tanto una penitencia que debes cumplir. Quiero que sepas que el alma descansa cuando lo haces.

En conclusión: Dios ama a sus hijos y quiere que sean santos. Para lograrlo deben alejarse del pecado y si caen en él reconciliarse con Dios pidiendo perdón a través del sacramento de la reconciliación. Así como Dios desea el bien para sus hijos nosotros debemos buscarlo.

En obediencia a Dios he escrito este Tratado por medio de la infusión del Espíritu Santo.

Cuernavaca, Morelos a 27 de Mayo del 2023.

# Libro 4

LA COMUNIÓN CON DIOS. COMPILACIÓN DE LIBROS.  83

# Libro 4

# LA SALVACIÓN DE LAS ALMAS.

Cuernavaca Morelos a 27 de Agosto del 2022. Hoy por voluntad de Dios escribo este legajo acerca de la salvación de las almas inspirada por el Espíritu Santo.

# Prefacio

La necesidad del ser humano de tener una vida mejor hace que muchas veces se recurra a diversas ideologías y prácticas para alcanzar la salvación o encontrar respuestas a sus necesidades físicas o emocionales. Lo que no saben las personas es que muchas veces ellas se alejan de la verdad y voluntad de Dios.

# En búsqueda de la verdad.

Una persona busca siempre satisfacer su necesidad de sentirse mejor en todos los aspectos. De esa forma en esa búsqueda encuentra muchas maneras de mejorar su entorno y vida. Lastimosamente nos encontramos en un mundo inmerso en el paganismo con profundas prácticas que lo alejan de la verdad que es Dios. Evidentemente es necesario dar conocimiento que la ignorancia provoca que muchas personas tomen un rumbo peligroso que los orille a perder la vida, y si digo esto es porque lo hago con profundo conocimiento. Para que puedan comprender esto debo hablar sobre lo que significa perder la vida. Dios es el camino, la verdad y la vida (Juan 14:6). Nadie puede tener vida si no es por medio de él. Lamentablemente el hombre toma caminos peligrosos que lo llevan a la obscuridad. Sabemos que Dios es luz y es vida a la vez, pero todo aquel que no tenga luz merece la muerte, esto quiere decir en otras palabras que merece irse al infierno y esto se debe a la ausencia de Dios. Una vez explicado esto quiero que sepan que cuando te alejas de la verdad que es Dios te encuentras con un mundo lleno de idolatría y paganismo.

La vida se atesora, y cuando digo esto me refiero a que debes reconocer que la perdición del hombre, así como su vida pecaminosa puede arrancarle la vida si no se arrepiente a tiempo. Dios es vida y si tú te alejas de él lo único que consigues es perder su amistad y por tanto merecer la muerte. Y no es que Dios quiera que sus hijos mueran, pues él vino a salvar el mundo, sino que por el abandono a él pierden la vida porque se apaga su alma y sin luz no se vive. Es por eso que debemos vivir de acuerdo a la voluntad de Dios. ¿Y cómo? Pues haciendo vida su palabra que nos lleva a la verdad que es él.

Cuando conoces a Dios te llenas de alegría pues él es bueno y a sus hijos fieles a él los recompensa con una vida llena de alegría y felicidad constante. El amor que él nos da nos ayuda a no sufrir y ver la vida de otra manera y es por eso que debes vivir de una manera sencilla y alejado del mundo que está lleno de perdición.

Ama a Dios y no olvides que si quieres vivir debes buscar la verdad.

# Viviendo como Dios quiere.

Amar a Dios es lo principal que debemos hacer para vivir conforme a su voluntad. Dios quiere la salvación del hombre, pero no es fácil conseguirla si tú no reconoces que debes obedecer a Dios. Vivir de acuerdo a la voluntad de él no es una carga, más bien es una bendición muy grande ya que él nos recompensa dándonos una vida mejor lejos del dolor y con mucha alegría. Para que cada uno pueda ser obediente es necesario dar sentido a la palabra de Dios. La palabra te invita a mejorar y a tener una vida buena. Para que esto suceda es necesario conocerla y corresponder al amor que nos da Dios.

Dios es bueno y no me canso de decirlo. A quienes tenemos el privilegio de conocerlo se nos concede llenarnos de felicidad. Cada paso que damos es guiado por él y por tal motivo no es una carga para nosotros ya que él aligera nuestros pasos y nos conduce por el mejor camino. Si camináramos solos sería más difícil ya que muchas veces nos encontramos con obstáculos que no nos permiten seguir. Si nosotros ofrecemos nuestra vida a Dios nos daremos cuenta que vivir unidos a él es lo más maravilloso que nos puede pasar. Nadie puede lograr tener una vida mejor si no nos tomamos de la mano de Dios. Caminemos pues juntos y vivamos conforme a su voluntad y veremos que hermosa es la vida unidos a él.

# Hay que seguir el ejemplo de Dios.

Dios ha venido al mundo a enseñarnos como debemos vivir. Él mismo ha dado testimonio con sus actos y nos ha puesto la muestra. Debemos esforzarnos por seguir su camino. El ejemplo que nos da nos lleva a mejorar y a darnos cuenta de que su verdad nos da la fortaleza de seguir adelante siguiendo su ejemplo.

Dios ha venido al mundo a darnos la salvación. Su sacrificio y muerte de cruz consiguieron que Dios Padre nos perdonara y de esa manera poder tener vida. Pero cuando hablo de vida me quiero referir a la vida eterna que nos ofrece. Sabemos bien que Jesús vendrá de nuevo a juzgarnos y ese juicio es para que nosotros seamos reconocidos por nuestra fidelidad o infidelidad a Dios. Quien es fiel se salvará y quien no lo es perderá la vida. Dios quiere que nos esforcemos dando sentido a lo que él nos enseñó cuando estuvo en la tierra, es por eso que quien se esfuerza podrá lograr llegar a esa redención anunciada. Cuando hablamos de redención es referirnos a ese pago que Jesús dio por la salvación de las almas que fue dar la vida por nosotros. Debemos atesorar la vida y reflexionar que lo mejor que hay es vivir de acuerdo a la voluntad de Dios. Por eso te invito a seguir su ejemplo y no olvidar que si quieres salvarte debes vivir conforme a la voluntad de él.

# La comunión con Dios.

Hay personas que no saben cómo reconocer a Dios en sus vidas. Para que esto suceda es necesario que comprendan que Dios vive y así como Dios está vivo así también puede manifestarse en tu vida para que comprendas que él te escucha y te comprende, sin embargo, es necesario tener disposición para cumplir ciertas cosas necesarias que te llevan a esa comunión. Primero antes que nada se necesita oración pues ella es la comunión con Dios a través de ese diálogo entre los dos. El diálogo se compone de esa retribución entre tú y Dios a través de las súplicas constantes, agradecimientos y alabanzas que son contestadas por Dios de muchas formas, pero lo principal es que sí son escuchadas y respondidas. La segunda y muy importante es asistir a misa. La misa es la representación máxima de la pasión de Cristo, su muerte y resurrección que nos vino a dar la salvación. Para poder recibir las gracias necesarias para hacer crecer tu fe debes comulgar, ya que la comunión es el alimento para el alma que te da vida. Es necesario comulgar sin pecados graves o de lo contrario perderás la vida, ya que Dios es santo y no se toma su Cuerpo y su Sangre en pecado. Quiero pedirte que vayas a confesarte antes de comulgar, en caso de que tus pecados sean graves para que salves tu vida y puedas comulgar. Y la última y muy necesaria también es alimentarte de la palabra de Dios. En las Sagradas Escrituras encontrarás grandes enseñanzas para poder vivir como Dios quiere. Si tú te alimentas de la palabra de Dios recibes luz y esa luz te ayuda a descubrir las tinieblas y alejarte de ellas, en otras palabras, te ayuda a descubrir el mal y alejarte de él.

# La Apostasía.

Estamos viviendo momentos difíciles de falta de fe. Las almas se apartan de la gracia y reniegan de Dios, lo que quiere decir es que se apartan de la verdad que son las enseñanzas de Dios.

Hay personas que se consagraron a Dios y que ahora se han alejado de él siguiendo falsas enseñanzas o sus propios criterios humanos llenos de una falsa sabiduría que no viene de Dios.

Para que no exista la apostasía deben primero reconocer a Dios y no olvidar que sus enseñanzas nos dan vida. Desafortunadamente en el mundo hay muchas almas que han perdido la fe, pero también hay muchas otras que por no pedir que el Espíritu Santo los guíe niegan la palabra de Dios con actos que provocan que se aparten de la verdad. Con esto me refiero a que muchas veces se cometen herejías, como por ejemplo no compartir la Sangre en la Eucaristía con el supuesto pretexto de que está presente en la hostia consagrada. Al hacer esto niegan la palabra de Dios.

Por otro lado, apostatar es la renuncia a un Dios bueno. Quien lo conoce sabe bien que él renueva la vida de sus hijos y destruye todo propósito malo. La apostasía en cambio lleva a la perdición a las almas y las orilla a pecar. Quien apostata es partícipe de las obras del demonio, en cambio el que es fiel a Dios no vive en la obscuridad sino lleno de luz y maravillosamente lleno de alegría. La unión con Dios fortalece al alma y quien es fiel recibe un premio que es la eternidad. Quien no lo es se lleva el castigo del infierno. Es por eso que quien apostata se hace cómplice del enemigo del mundo.

# El enemigo del mundo contra Dios.

Dios ama a sus hijos y desea que se salven por tanto es importante que conozcan cómo Satanás actúa. Dios es bueno y habita en las almas nobles y justas. Dios ama a sus hijos y quiere que fortalezcamos su comunión con él. Quien vive unido a Dios está a salvo y cuando digo esto me refiero a que el enemigo del mundo no puede dañarlo.

Satanás es un demonio cruel que hace la guerra contra Dios provocando que las almas se aparten de él. Sus argucias son muchas, las principales son la idolatría y la negación a Dios. El mundo está lleno de pecado. Los pecados graves hacen que las almas se pierdan, pero cuando se pierden no hay salvación para ellos, lo que provoca que se vayan al infierno.

Dios ama y quiere que se salven sus hijos, es por eso que está dispuesto a perdonar y a ayudar a que vuelvan a él.

# Dios salva a sus hijos.

Dios ha venido al mundo a dar vida a cada alma. Esa vida es para que no mueran sino más bien conozcan a profundidad las enseñanzas de él y se alejen del pecado. El pecado es algo grave por lo que se pierden las almas y por tanto mueren. Pues ese pecado puede desaparecer si permiten que Dios guíe sus pasos. Dios hace saber a sus hijos cuando no cumplen con sus mandamientos ni las enseñanzas que dio. Pero hay veces que almas pecadoras que no tienen luz y están apartadas de la gracia y esto es debido a que el tipo de vida que llevan es bastante malo y por tanto merecen irse al infierno.

La salvación viene de Dios. Todo aquel que cumple sus enseñanzas obedeciendo a Dios merece vivir. La vida se atesora, proviene de él y es ejemplo para otras almas. La perdición del mundo hace que las almas pequen gravemente y no haya salvación para ellas, es por eso que es mejor vivir de acuerdo a la voluntad de Dios.

# Vida significa salvación.

Dios es vida y por tanto toda alma que vive de acuerdo a su voluntad tiene vida en sí y no muere, sino merece la vida eterna. Quienes pecan no tienen vida al menos que se arrepientan y se confiesen. Toda alma pecadora muere y no tiene vida. La vida se atesora porque quien muere merece el fuego eterno y eso es lo peor que puede pasar a un alma. Por eso es mejor vivir. Vive de acuerdo a la voluntad de Dios y tu vida será hermosa, llena de felicidad, alegría y paz.

Un corazón bueno es aquel que vive de acuerdo a la voluntad de Dios. Quien es fiel tiene vida, pero aquellas almas pecadoras que se resisten a vivir de acuerdo a la voluntad de Dios son almas perdidas, por tanto, merecen el infierno. Es triste, pero es así, no hay salvación para aquellas almas que no reconocen a Dios y no viven de acuerdo a su voluntad, así es que, el que peca gravemente participa en las obras del demonio.

La salvación es para todos y la vida también. Se fiel y no olvides que te espera la recompensa de la vida eterna.

# En conclusión.

Para salvarte necesitas permitir que Dios guíe tus pasos y te enseñe cómo vivir. Dios es vida y por tanto salvación.

# Libro 5

# EL AMOR.

Siendo hoy Lunes 11 de Septiembre del 2023 transcribo este Libro por voluntad de Dios inspirada por el Espíritu Santo.

# Prefacio

Es el amor lo que nos lleva a reconocer a Dios. Dios es amor y ese amor que él nos da, da frutos abundantes de felicidad y alegría. Si tú tienes amor en tu corazón has conocido a Dios. Dios vive y se manifiesta a sus hijos de muchas maneras, pero la principal es llenarte de paz abundante. Es por eso que te invito a leer este pequeño libro que te ayudará a descubrir lo más hermoso que hay que es el amor.

# El Amor, el alimento para el alma.

Dios es amor, esto quiere decir que nos ha dado la vida para que viviéramos unidos llenos de amor. El amor hace que las almas se reconozcan y vivan felices, esto quiere decir que Dios nos formó y a cada uno nos dio un alma, esa alma se sustenta de amor, sin amor perece. Cuando hablo así es que quiero que reconozcas que Dios ha venido a dar vida y él que es el amor, es el sustento para nuestra vida, por tanto, sin Dios no hay vida. Hay algo importante que deben saber, que la felicidad solo se encuentra en el amor. Cualquier cosa que no se sustente del amor no da felicidad verdadera. Un ejemplo de ello es el dinero. Las almas piensan que si tienes dinero eres feliz y eso no es cierto porque es efímero. Por tanto y en conclusión el dinero no compra el amor porque no se vende, este se encuentra en el alma y solo se consigue si tienes a Dios en tu corazón.

Las almas se nutren del amor de Dios, quien de él lo reciben son muy felices y viven en constante alegría. Sentirse amado por Dios y alguien más es lo más maravillosos que puede haber, por tanto, quiero que sepas que, si no hay amor, no hay vida.

# El Amor y vida.

El sentido de la vida es el amor, sin él el alma muere, esto quiere decir que toda alma que se nutre del amor de Dios vive, porque Dios es vida y sin él morimos. Cuando digo esto me refiero a lo siguiente: Jesús vino a dar vida a todas las almas a través de su sacrificio y muerte de cruz. Él derrotó al enemigo del mundo cuando murió y logró resucitar. Con esto quiero referirme a que lamentablemente cuando Satanás tentó a Eva hizo que entrara la muerte al mundo, por tanto, Dios es vida y Satanás es muerte, Dios es amor y Satanás es odio, Dios es salud y Satanás enfermedad.

El amor es lo más maravillosos que podemos tener, con él nos sentimos seguros y felices. La felicidad que embarga a nuestra alma es mucha que todo dolor se va pronto. Quien tiene el amor de Dios se siente capaz de prodigarlo sin esperar nada, porque ese amor es recompensado por Dios de muchas maneras y la principal es la paz que recibes. Por tanto, Dios que es vida viene a dar amor a sus hijos y a enseñarlos a compartirlo con el prójimo sanando las heridas del corazón y alegrando tu vida con mucha felicidad.

Vive para que tengas amor y disfrútalo lo más que puedas. Con él el sufrimiento se va y hace que las almas se reconcilien. Debes saber que el amor de Dios no es el mismo del mundo, porque en el mundo solo hay frivolidad, además de que es un amor convenenciero, en cambio el amor de Dios perdona, vive y muere a la vez y se siente dichoso. No te dejes engañar, conoce el amor de Dios y verás que feliz serás.

# Dios es Amor.

Un corazón que sabe amar es un corazón que conoce a Dios pues el amor de Dios es verdadero, no perece, es entregado y fiel y se da sin esperar a cambio. El amor de Dios se compadece del pobre, del que sufre, del que vive en desgracia. Si tú tienes a Dios en tu corazón es porque habita en ti el don de la caridad. Nadie que no conoce a Dios puede ser feliz, en cambio los que sí lo conocen saben que el amor perdona y es justo. Porque quien se sabe amado por Dios es porque ha reconocido que la vida sin él no es vida.

La luz de Dios habita en cada alma fiel y su amor destruye las malas obras y el pecado. Por tanto, quiero que sepas que si tienes amor es porque Dios vive en ti.

Para tener el amor de Dios se necesita fe primero, luego reconocer su palabra que es verdad, así como comunicarse con él por medio de la oración y la alabanza. Para que el amor de Dios habite en tu corazón debes reconocer que su amor es inefable y cuando digo esto quiero que comprendas que es indescriptible por ser excelso. No hay amor si Dios no habita en tu corazón, esto quiere decir que el amor verdadero solo proviene de él. Déjate amar por Dios y verás qué maravilloso es su recompensa. Las almas justas que conocen a Dios dan testimonio de su amor.

# El Amor de Dios como un don maravilloso.

Dios es amor, ya lo sabemos, pero quisiera que sepas que hay un don especial que da el Espíritu Santo. Ese amor como don precioso es aquel que ama por encima de todo a todas las almas, no espera recibir recompensa porque se sabe amado por Dios, así es que cuando da amor lo da sin buscar nada. El amor como don es profundo, no se acaba y se da siempre. Quien ama da en gratuidad su corazón.

Cuando una persona sabe amar recibe el don precioso del amor, quien es fruto inagotable del amor de Dios. Un amor como ese da sustento de que Dios vive y se prodiga a sus hijos de múltiples maneras. Un ejemplo de este don del amor fueron el Papa Juan Pablo II y la Madre Teresa de Calcuta. Ellos dieron testimonio del gran amor que tiene Dios por sus hijos.

# Amor es igual a vida eterna.

Cuando hablo así es que fuimos creados por amor y vivir de acuerdo a la voluntad de Dios. El amor es un don de vida, esto quiere decir que Dios vino al mundo a salvar a sus hijos y por amor dio la vida por nosotros para que entonces en él encontráramos vida, viviendo de acuerdo a la voluntad de Dios amando y siendo fieles a él. El que ama perdona siempre, por tanto, quien así lo hace cumple la voluntad de Dios dando sentido a su palabra que enseña a amar al prójimo y a perdonar.

Dios ha venido al mundo a dar amor a sus hijos y recompensarlos por las buenas obras. El amor de Dios es lo más maravilloso que puedes encontrar porque es sumiso y fiel y quien ama como Dios tiene una vida nueva llena de felicidad y alegría constante. El amor de Dios es lo mejor, te invito a que dejes que su amor te inflame.

# El vínculo entre tú y Dios es el amor.

Dios vive y es amor. Ese amor de Dios se manifiesta en quien es fiel. La fidelidad existe y por tanto el amor también. Para conocerlo es imperioso dar sentido a las enseñanzas de Jesús. Él vino a dar sustento de que el amor es el vínculo perfecto entre un alma y Dios, porque quien sabe amar como Dios es porque lo conoce. Conocer a Dios no es fácil si tú no quieres seguir sus pasos. Ese amor que él da es fruto de la comunión con él, por tanto, te pido que no olvides que para conocer a Dios imprescindible es que el amor de Dios se manifieste en ti. Saber amar no es fácil y nadie que no conozca a Dios conoce el verdadero amor. Quiero que sepas que en el mundo no encontrarás ese verdadero amor, así es que apréstate y piensa solo que te espera un maravilloso don que te permite reconocer que es por amor que existe el mundo. La creación se hizo por amor y por amor existe.

# El amor de pareja.

Un amor bueno es aquel que se prodiga sin esperar nada, es justo y fiel a la vez. El amor se da siempre y no espera recibir recompensa, es dócil y a la vez persistente en un vínculo perfecto. El amor se da siempre y es perfecto, siempre gusta de compartir y a la vez espera. El amor perdona y es bueno a la vez.

Amar no es fácil si la recompensa espera, es mejor no esperar nada a cambio. El amor se prodiga siempre. Cuando dos almas se unen pueden alcanzar el don máximo del amor que es aquel que proviene de Dios. Si tú amas sabrás que ese amor ventajoso no es, sin embargo, se da siempre. Amar como Dios es lo mejor que existe. Ama siempre y olvida rencores.

Un amor bueno es así, irrefutable y compasivo. El amor es misericordioso y tangible.

Ama como Dios y verás qué hermoso es. No olvides que te esperan grandes alegrías.

# Conclusión:

Amar es el vínculo perfecto entre tú y Dios. Si sabes amar has conocido a Dios.

# About the Author

Soy una persona que nací en Cuernavaca, Morelos, México el 19 de Marzo de 1963. Pertenezco a la Iglesia Católica y a los 29 años me renové en el Espíritu Santo. Desde ese entonces mi amado Jesús comenzó a hablarme por medio de locuciones interiores. Fué así como él en el año 2012 me pidió que compartiera mensajes con el mundo lo cuál lo hice a través de Facebook. Actualmente los comparto a varias partes del mundo en varios idiomas. A partir del 2021 se me dictaminó que escribiera algunos libros inspirada por el Espíritu Santo.

Read more at https://legiondemariainmaculada.blogspot.com.